閉会式でダイヤモンドを一周する興南ナイン

興南高校 2年連続12度目の甲子園へ

第100回 全国高校野球選手権記念 沖縄大会

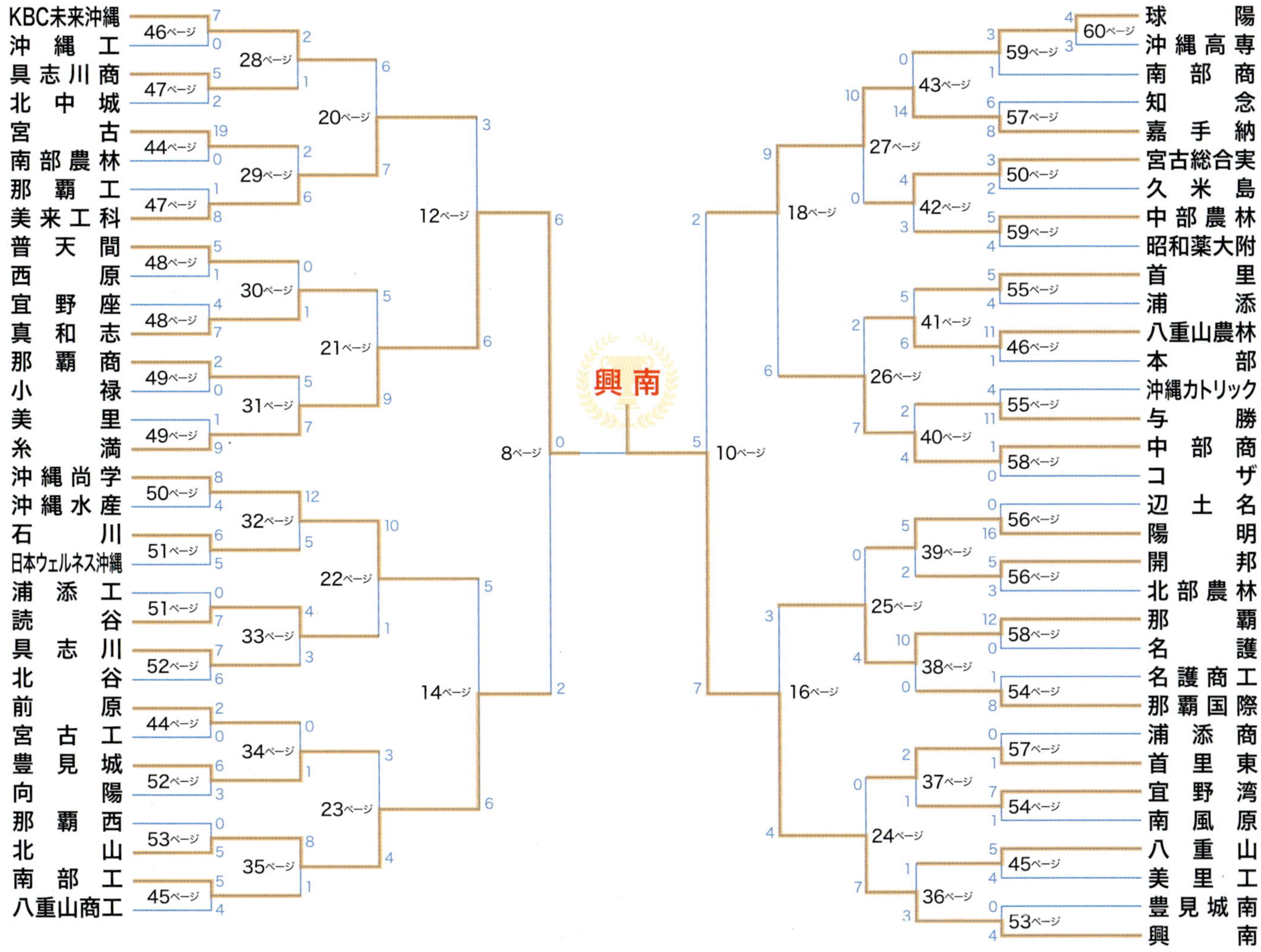

マウンドに集まり、優勝を喜ぶ興南の選手たち

第100回の節目となる全国高校野球選手権記念沖縄大会最終日は23日、沖縄セルラースタジアム那覇で決勝を行い、興南が糸満を5−0で破って2年連続13度目の頂点に立った。夏の甲子園出場は、1967年に南九州予選で敗れているため12度目となる。

興南は先発の2年生、宮城大弥が五回まで糸満打線を完璧に抑える圧巻の投球内容。被安打2で完封勝利を挙げ、2年連続の優勝投手となった。

14安打と打線も奮起した。二回に遠矢大雅の左越え適時打で先制すると、五、八回にも2点ずつ加点し、粘る糸満を突き放した。

▽三塁打　比嘉龍（興）
▽二塁打　遠矢、仲村（興）
▽犠打　宮城2、遠矢、比嘉龍（興）
▽盗塁　仲村、勝連（興）
▽失策　大城勇、石川、安仁屋（糸）
▽審判　（球）国仲、澤岻、山城、多嘉山
▽試合時間　1時間56分

2回表興南無死三塁、遠矢大雅が先制の左越え二塁打を放つ

決勝 ★★★ Final

決　勝　▽7月23日、沖縄セルラースタジアム那覇、観衆5800人

興　南		打	安	点	1	2	3	4	5	6	7	8	9
(二)	根路銘	5	2	0	投ゴ	右飛	……	二安	……	二ゴ	……	中安	……
(一)	仲　村	5	3	0	左安	二ゴ	……	左飛	……	中2	……	二安	……
(遊)	勝　連	4	2	1	四球	……	二ゴ	……	左安	左飛	……	二安	……
(右)	塚　本	4	2	0	三ゴ	……	右安	……	捕安	……	死球	三振	……
(投)	宮　城	3	1	0	三ゴ	……	捕失	……	一犠	……	遊ゴ	……	右安
(左)	比嘉龍	4	2	1	……	右3	遊飛	……	左安	……	中飛	……	捕犠
(捕)	遠　矢	4	2	2	……	左2	一ゴ	……	右犠	……	中飛	……	投安
(三)	西　里	5	0	0	……	遊ゴ	……	右飛	中飛	……	……	一ゴ	投併
(中)	里	2	0	0	……	四球	……	二ゴ	……	中飛	……	四球	……
計		36	14	4	振1 球4 犠4 盗2 残12 失0 併1								

			1	2	3	4	5	6	7	8	9
興　南	5	=	0	1	0	0	2	0	0	2	0
糸　満	0	=	0	0	0	0	0	0	0	0	0

糸　満		打	安	点	1	2	3	4	5	6	7	8	9
(右)	山城裕	3	0	0	三振	……	……	三振	……	……	投ゴ	……	……
(二)	銘　苅	2	0	0	遊ゴ	……	……	一ゴ	……	……	……	……	……
打	神　田	1	0	0	……	……	……	……	……	……	三振	……	……
二	安仁屋	0	0	0	……	……	……	……	……	……	……	……	……
(一)	大城陸	3	0	0	三振	……	……	一邪	……	……	左飛	……	……
(捕)	大城勇	3	0	0	……	捕邪	……	……	左飛	……	……	三ゴ	……
(中)	石　川	3	0	0	……	三振	……	……	二ゴ	……	……	三振	……
(左)	前　野	2	0	0	……	三ゴ	……	……	捕ゴ	……	……	……	……
打左	玉城大	1	0	0	……	……	……	……	……	……	……	遊飛	……
(三)	山城恵	3	1	0	……	……	二直	……	……	三直	……	……	右安
走	兼　城	0	0	0	……	……	……	……	……	……	……	……	……
(投)	金城龍	2	0	0	……	……	中飛	……	……	三ゴ	……	……	……
打	村　上	1	0	0	……	……	……	……	……	……	……	……	三併
(遊)	金城絢	2	1	0	……	……	三振	……	……	中安	……	……	……
打	高　安	1	0	0	……	……	……	……	……	……	……	……	三振
計		27	2	0	振8 球0 犠0 盗0 残0 失3 併1								

投　手	回	打	安	振	球	責
宮　城	9	27	2	8	0	0
金城龍	9	44	14	1	4	3

最後の打者を三振に仕留め、ガッツポーズで勝利の雄たけびを上げる興南の宮城大弥

2回表興南無死、比嘉龍之介が右越え三塁打を放つ

６回表興南２死、中前打を放った仲村匠平が相手の隙を突いて二塁を陥れ、二塁打とする

６回裏、痛烈な三塁ゴロをさばき、送球体勢に入る興南の西里颯

追加点に沸き立つ興南の応援席

1回裏興南1死一、二塁、三塁ゴロを捕り、ベースを踏んで封殺する糸満の山城恵

５回表興南１死二、三塁、マウンドに
集まり言葉を交わす糸満ナイン

９回143球自責点３の粘投を見せた糸満のエース金城龍史郎

真剣な表情で試合を見つめる糸満の応援団

校歌を歌い、優勝を喜んで駆け出す興南の選手たち

1回表、両手を上げた背伸びポーズで守備陣に声を掛ける興南のベンチメンバー

報道陣の取材に応じる興南の我喜屋優監督。1968年に主将として出場し、沖縄勢初の4強進出の“興南旋風”から50年目で決めた甲子園出場に「100回大会だけは、どのチームよりも出たい気持ちが強かった」と実感を込めた。

決勝で糸満を破り優勝を喜び会う興南の選手たち

糸満 破竹の集中打

北山、得点機に連打出ず

６回裏糸満２死一塁、山城裕貴が左翼線に適時二塁打を放つ

糸満は3年ぶりの決勝進出。0―0の六回2死二塁、金城龍史郎の中前適時打など5連打で5得点。金城龍史郎、玉城宙夢、辺土名駿の継投で2失点に抑えた。2年生主体のチームで4強まで勝ち上がってきた北山。津山嘉都真監督は「試合に出られなくても、チームに尽くしてくれた3年生に感謝している」と目を赤くした。

▽二塁打　仲村、宮里（北）兼城、山城裕（糸）
▽試合時間　2時間18分

４回表北山１死二、三塁、山﨑慎ノ介がスクイズを試みるが失敗

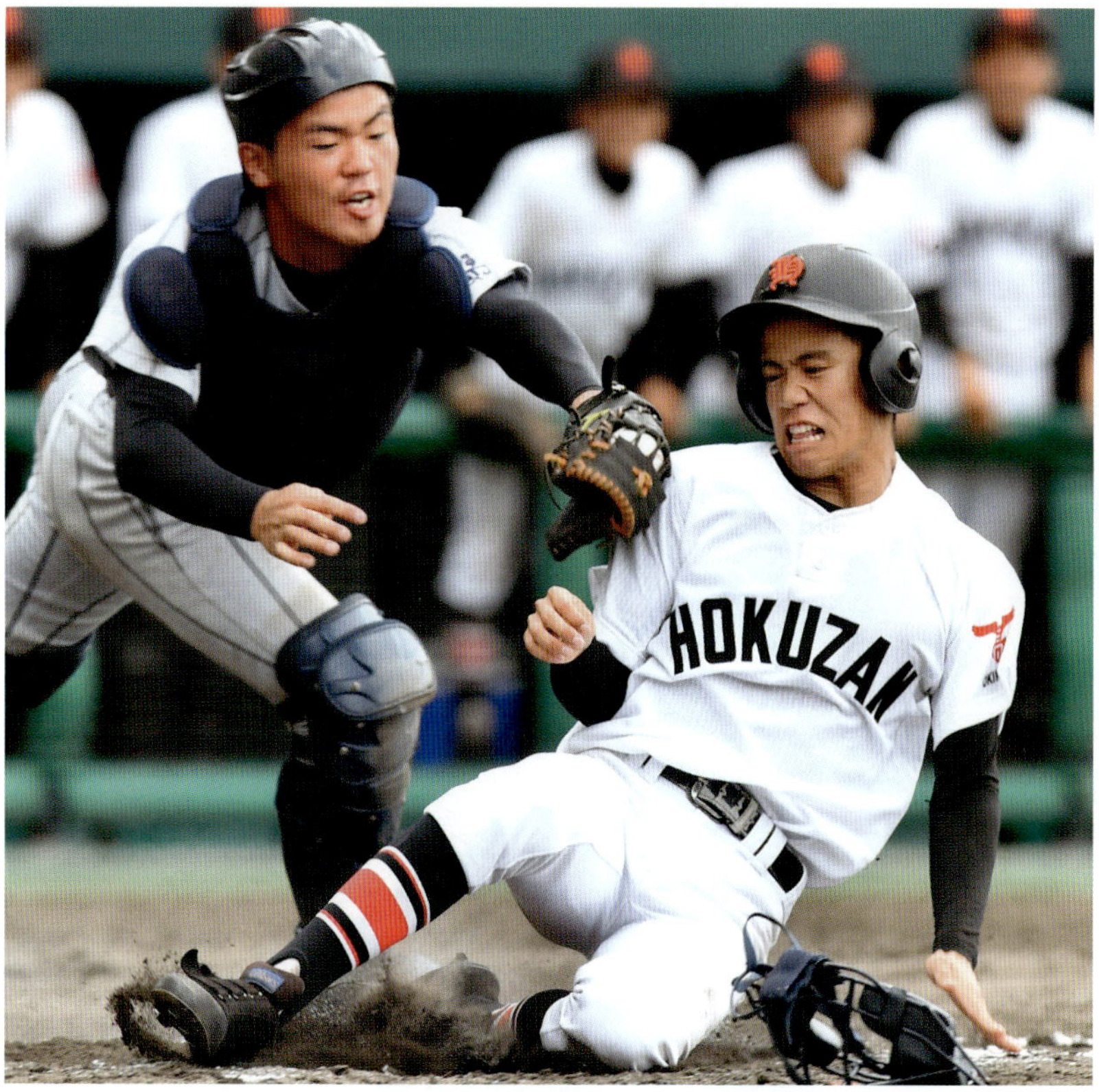

８回表北山２死満塁、宮里光の左越え二塁打で三走、二走に続いて一走・大城龍之介が本塁突入するが、糸満の捕手・大城勇稀がタッチアウトにする

６回裏糸満２死二塁、兼城陽が右越え適時二塁打を放ち一塁を回る

【北　山】		打	安	点	振	球
⑦	金城竜	3	0	0	1	1
⑧	石　川	3	0	0	2	1
①9	大城龍	3	2	0	1	1
③	仲　村	3	1	0	0	0
⑥	宮　里	4	1	2	1	0
⑤	山　﨑	3	0	0	2	0
H	玻名城	1	0	0	1	0
⑨	名　城	1	0	0	0	0
1	金城和	1	0	0	0	0
1	金城洸	2	0	0	0	0
②	上　間	4	1	0	0	0
④	島　袋	2	1	0	1	0
	犠盗残失併 2 0 6 1 0	30	6	2	9	3

【糸　満】		打	安	点	振	球
⑦	山城裕	4	2	1	0	0
④	銘　苅	4	1	1	1	1
③	大城陸	3	1	0	0	1
3	村　上	1	0	0	0	0
②	大城勇	3	1	0	0	0
⑧	石　川	4	0	0	1	0
⑨	川　満	4	2	0	1	0
①	金城龍	4	2	1	0	0
1	玉城宙	0	0	0	0	0
1	辺士名	0	0	0	0	0
⑤	兼　城	3	1	1	0	1
⑥	金城絢	3	1	1	1	1
	犠盗残失併 2 0 9 2 0	33	11	5	4	4

投　手	回	打	安	振	球	責
大城龍	2	10	3	1	1	0
金城和	3 1/3	12	1	1	1	1
金城洸	2 2/3	17	7	2	2	4
金城龍	7 0/3	27	4	7	2	2
玉城宙	1	5	2	1	1	0
辺士名	1	3	0	1	0	0

7月22日
沖縄セルラースタジアム那覇

北　山	0	0	0	0	0	0	0	2	0	2
糸　満	0	0	0	0	0	5	0	1	×	6

８回裏、野手とアウトカウントを確認する北山の投手・金城洸汰

８回表、マウンドで深呼吸する糸満の投手・玉城宙夢

８回表、北山の得点に喜ぶ応援団

ＩＤ興南 狙い打ち

嘉手納打線 抑え込まれる

5回裏興南2死一、二塁、藤木琉悠の中前打で二走・遠矢大雅がタッチをかわして生還する

興南が13安打で7得点し、2年連続の決勝進出。先制、中押し、ダメ押しと畳み掛けた。先発の藤木琉悠は変化球を軸に8回途中を自責点1。3安打の根路銘太希は「相手データを分析したことでつながりができた」と胸を張った。準々決勝までの4試合で41得点した嘉手納は、連打が出たのは得点した八回のみで、好機であと1本が出なかった。

▽三塁打 根路銘（興）
▽二塁打 伊禮（嘉）
▽試合時間 2時間7分

8回表嘉手納無死、木下大輝がヘッドスライディングで相手エラーを誘い出塁する

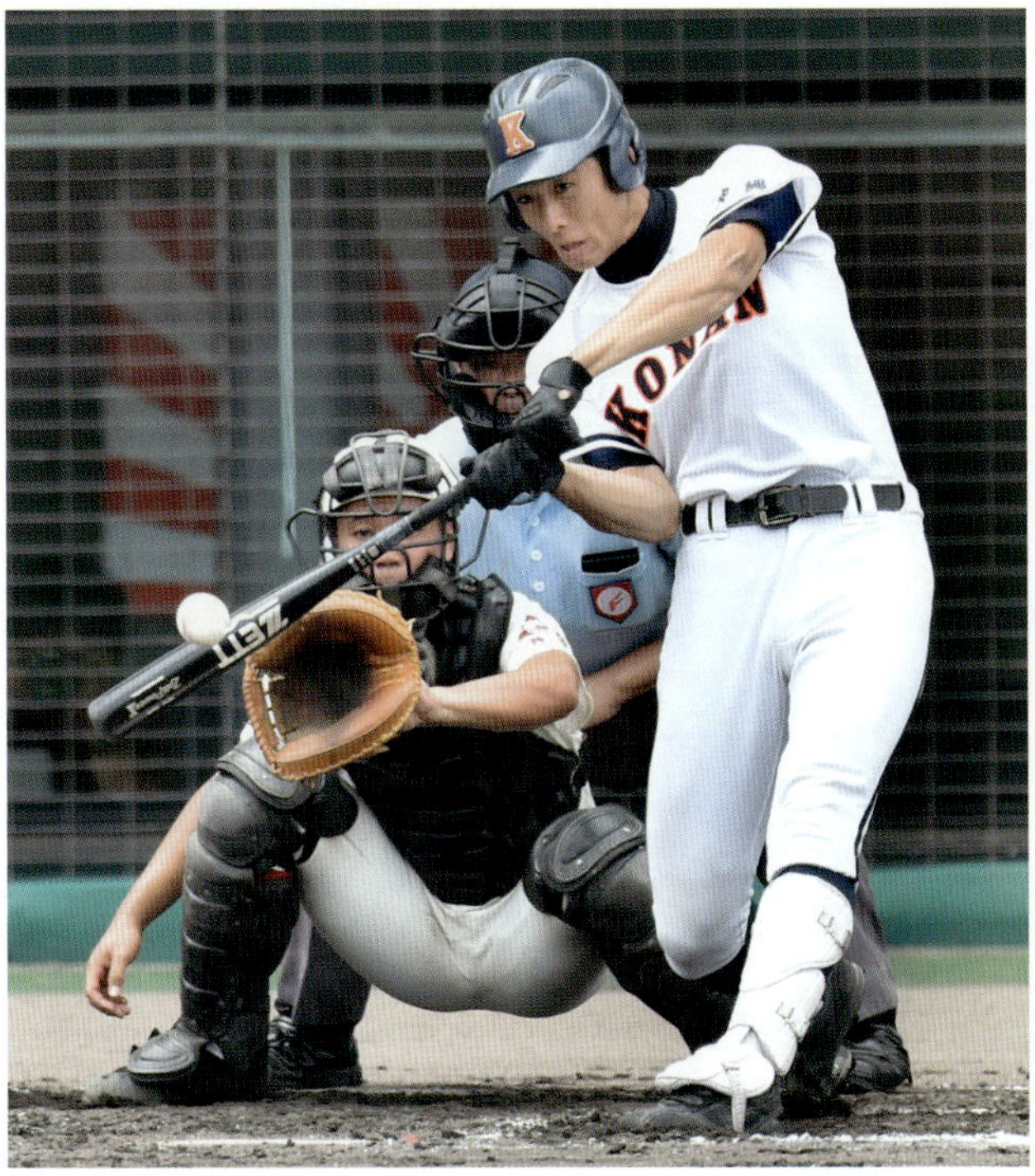

２回裏興南２死満塁、塚本大雅が左前に２点適時打を放つ

８回途中まで投げ、嘉手納打線を自責点１に抑えた興南の先発・藤木琉悠

【嘉手納】		打安点振球
⑨	木　下	4 0 0 0 0
⑦	中　村	3 0 0 1 0
④	又　吉	3 2 1 0 1
⑧	奥　間	4 2 0 0 0
③	仲宗根	2 0 0 1 0
H	古　謝	1 0 0 0 0
3	平	1 0 0 0 0
②	小橋川	2 1 1 0 0
1	親　泊	2 1 0 1 0
⑤	大　城	3 0 0 3 0
H	伊　禮	1 1 0 0 0
①	仲　地	2 0 0 0 0
2	上　地	1 0 0 0 1
⑥	安　里	4 0 0 2 0
	犠盗残失併	
	1 0 7 2 0	33 7 2 8 2

【興　南】		打安点振球
④	根路銘	3 3 2 0 2
③	仲　村	4 1 0 1 1
⑥	勝　連	3 0 0 1 1
⑨	塚　本	5 2 2 0 0
⑦	宮　城	4 1 0 0 1
②	遠　矢	4 0 0 0 1
⑤	西　里	5 2 1 0 0
⑧	里	4 2 1 0 0
H	大　山	0 0 0 0 0
8	西　江	0 0 0 0 0
①	藤　木	4 2 1 2 0
1	當　山	0 0 0 0 0
	犠盗残失併	
	1 2 12 1 1	36 13 7 4 6

投　手	回	打安振球責
仲　地	5	29 10 2 4 6
親　泊	3	14 3 2 2 0
藤　木	7 1/3	31 6 6 2 1
當　山	1 2/3	5 1 2 0 0

２回裏興南１死一、二塁、里魁斗が中前適時打を放つ

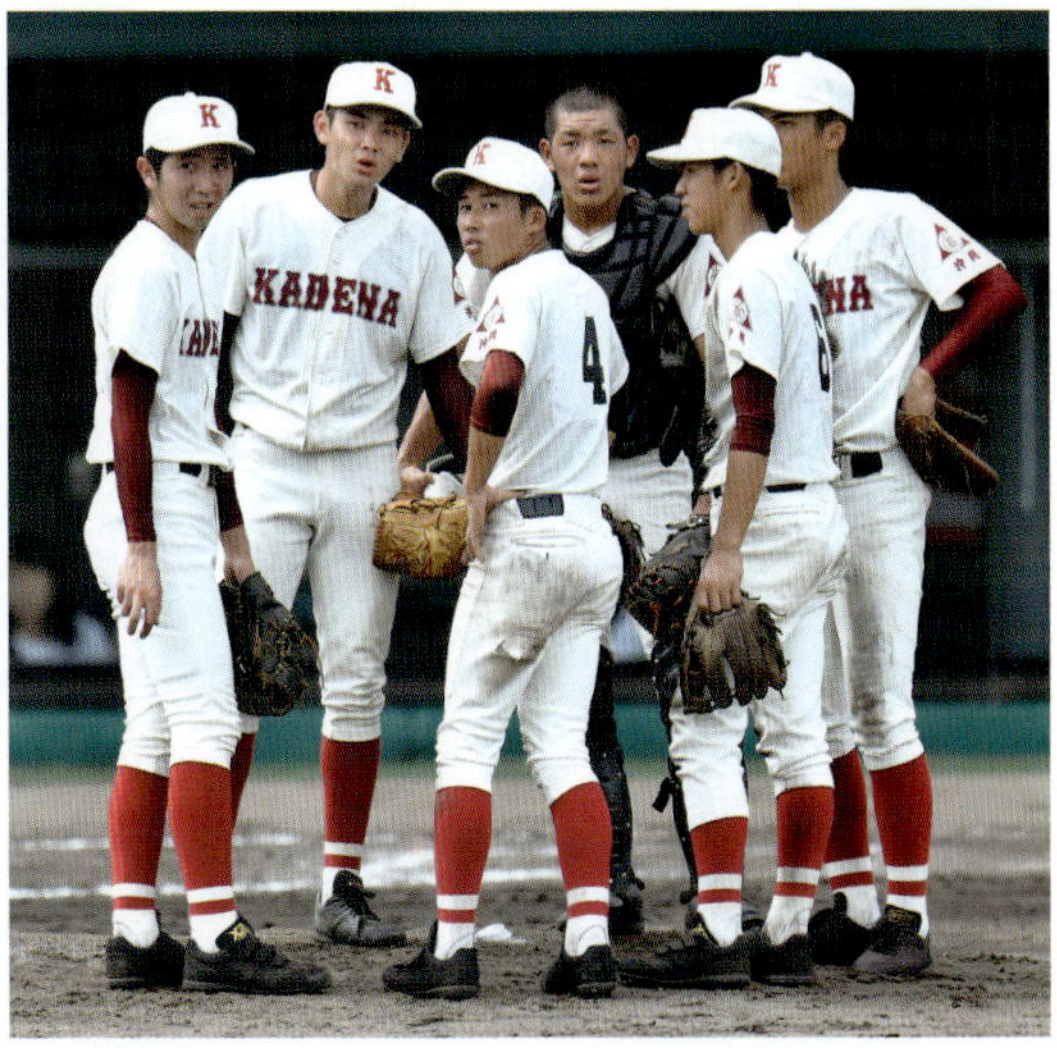

８回裏、失点のピンチにマウンドに集まる嘉手納の内野陣

7月22日
沖縄セルラースタジアム那覇

嘉手納	0	0	0	1	0	0	0	1	0	2
興　南	0	5	0	0	1	0	0	1	×	7

嘉手納の得点チャンスに大きな声援を送る応援団

糸満 会心の集中打

成長の美来工 チーム打撃評価

3回表糸満2死満塁、金城龍史郎が走者一掃の右越え適時打を放つ

7回表糸満2死一、三塁、金城龍史郎の適時二塁打で生還する一走・兼城陽

8回裏美来工2死一、二塁、二走・比屋根京介の生還を阻止する糸満の捕手・大城勇稀

糸満は0―0の三回2死満塁、金城龍史郎の三塁打で美来工科から3点を先制。七回にも4安打で3得点して突き放し、2年連続の4強進出を決めた。金城は投打に活躍。美来工科は終盤に反撃したが本領発揮が遅かった。眞玉橋元博監督は「昨年に比べるとチームバッティングができるようになった」と選手たちの成長をたたえた。

▽三塁打　金城龍（糸）
▽二塁打　金城龍2、大城勇、安仁屋（糸）野呂内、比嘉真（美）
▽試合時間　2時間33分

準々決勝 ★ QUARTER FINALS

7月16日
沖縄セルラースタジアム那覇

	1	2	3	4	5	6	7	8	9	計
糸　満	0	0	3	0	0	0	3	0	0	6
美来工	0	0	0	0	0	0	1	0	2	3

【糸　満】		打	安	点	振	球
⑦	山城裕	5	3	0	0	0
④	銘　苅	4	1	0	0	1
⑨	川　満	5	2	0	1	0
②	大城勇	5	1	0	1	0
⑧	石　川	3	1	0	0	2
③	村　上	3	1	0	1	0
H	安仁屋	1	1	1	0	0
3	山城恵	1	0	0	0	0
⑤	兼　城	4	1	0	1	1
①	金城龍	4	4	5	0	0
1	辺士名	1	0	0	0	0
⑥	金城絢	3	0	0	0	0
	犠盗残失併 1 0 11 1 1	39	15	6	4	4

【美来工】		打	安	点	振	球
⑤	伊波俊	3	0	0	3	0
H5	砂　川	2	1	1	0	0
⑧	比嘉元	3	0	0	0	0
H	玉　寄	1	1	0	0	0
8	新　垣	1	1	0	0	0
②	玉　城	5	1	0	2	0
③	比屋根	5	2	1	1	0
⑥	比嘉真	3	1	1	1	2
⑨	大　城	2	1	0	1	0
1	花　城	1	0	0	0	0
1	中　根	1	0	0	0	0
①9	比嘉竜	4	1	0	0	0
④	宜野座	3	1	0	0	1
⑦	當　山	0	0	0	0	1
7	野呂内	1	1	0	0	1
	犠盗残失併 1 1 12 0 2	36	11	3	8	5

投手	回	打	安	振	球	責
金城龍	7	30	6	8	3	1
辺士名	2	12	5	0	2	0
比嘉竜	4	22	8	2	2	3
花　城	2 2/3	13	6	0	1	3
中　根	2 1/2	9	1	2	1	0

9回裏、美来工の新垣汰河が比屋根京介の適時打で生還

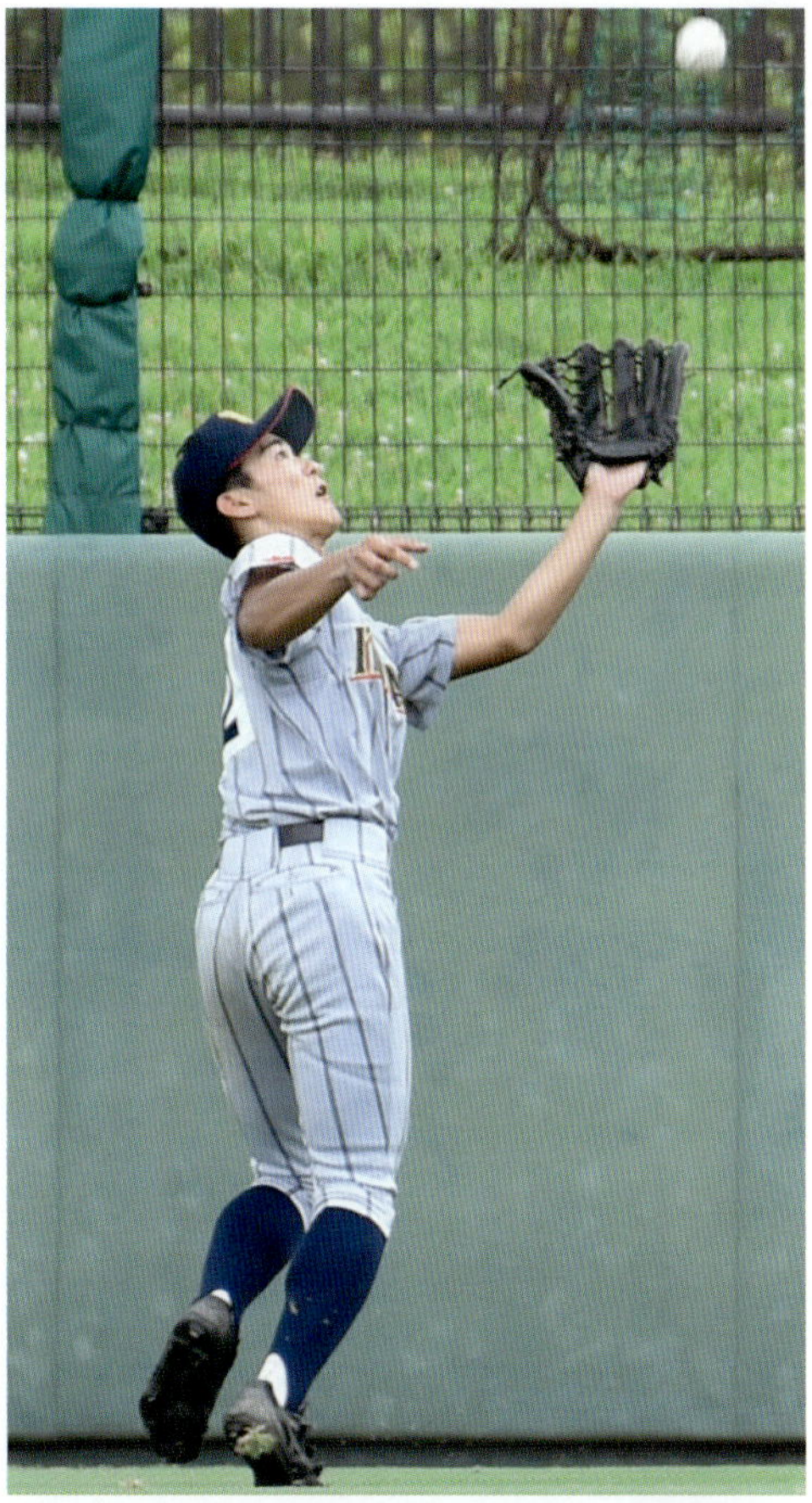

8回裏美来工1死一、二塁、比嘉竜聖の飛球を糸満の右翼手・川満剛が背走し好補

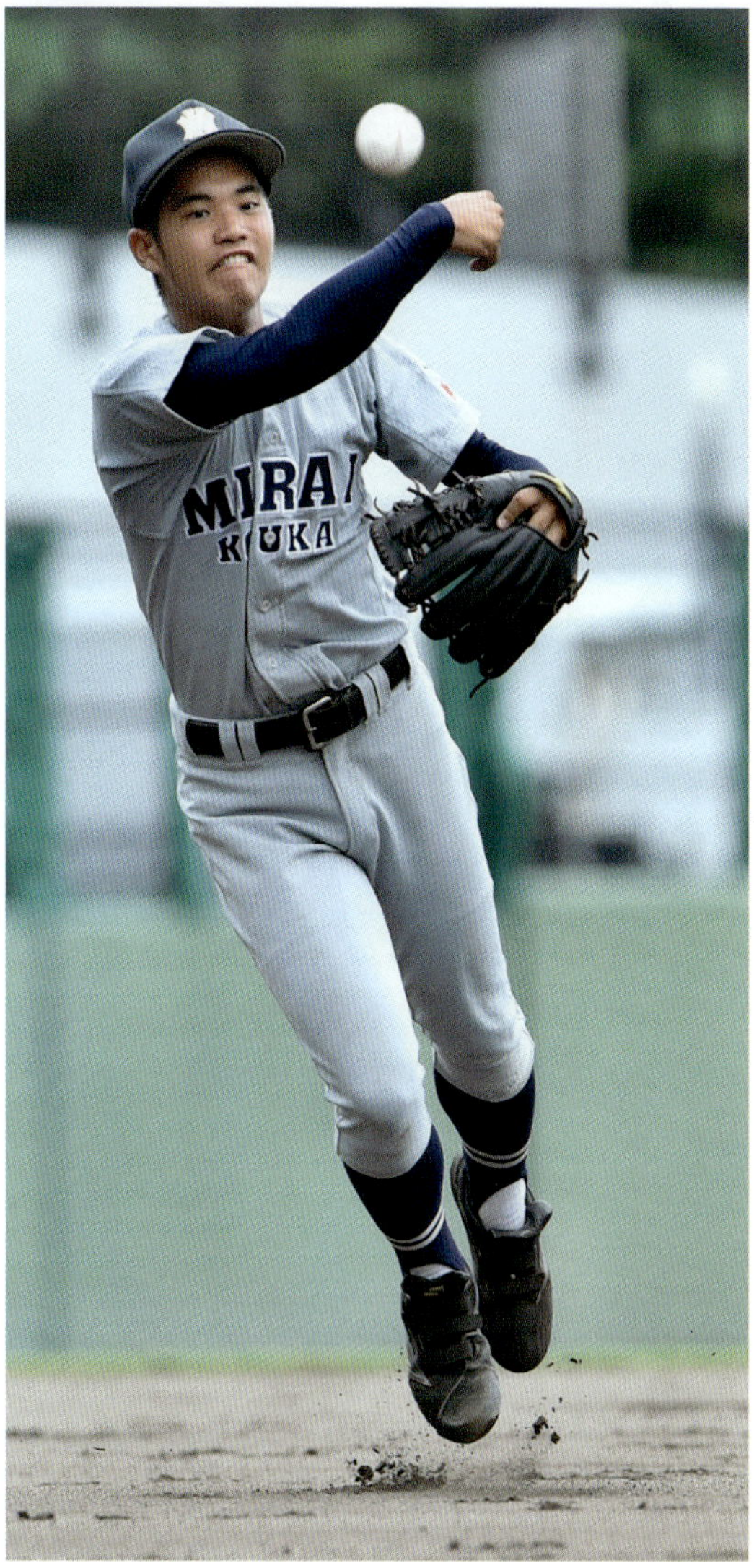

3回表、三塁ゴロを一塁へ送球する美来工の伊波俊弥

美来工ナインに大きな声援を送る応援団

北山 38年ぶり４強

沖尚 満塁弾生かせず

９回裏北山１死一、二塁、サヨナラ打を放った大城龍之介（左から２人目）を出迎える北山の選手たち

９回裏北山１死一、二塁、大城龍之介が右中間を破るサヨナラ打を放つ

同点のの九回、北山は先頭の島袋颯人が二塁打で出塁。１死後、石川柚月が四球を選んで一、二塁とすると、大城龍之介が右中間を破るサヨナラ適時打を放って６－５で勝利。準決勝進出は38年ぶり３度目。沖縄尚学は三回、知念大成の満塁弾で勝ち越した。だがその後は４安打１点にとどまり、２失策と守備が乱れたのも痛かった。

▽本塁打　知念（沖）
▽三塁打　宮里（北）
▽二塁打　二宮（沖）、島袋（北）
▽試合時間　２時間22分

7月16日
コザしんきんスタジアム

沖尚	0	0	4	0	0	0	1	0	0	5
北山	0	1	0	2	0	2	0	0	1X	6

【沖尚】		打	安	点	振	球
⑦	二宮	4	2	1	0	0
⑧	深川	1	0	0	0	0
8	具志堅	3	0	0	0	0
⑤	磨	2	0	0	0	2
6	高良	0	0	0	0	0
①9	知念	4	2	4	0	0
④	水谷	4	1	0	0	0
⑨	奥原	2	0	0	0	0
1	元	1	0	0	0	0
1	新垣	1	0	0	1	0
③	普久原	4	1	0	1	0
②	池間	3	0	0	0	0
⑥5	下地	3	1	0	0	1
	犠盗残失併 1 0 4 2 0	32	7	5	2	3

【北山】		打	安	点	振	球
⑦	金城竜	5	1	0	0	0
⑧	石川	4	1	0	0	1
①9	大城龍	3	2	1	0	1
③	仲村	3	0	0	0	1
⑥	宮里	4	3	1	1	0
⑤	山﨑	3	2	1	0	0
⑨	名城	0	0	0	0	0
1	金城和	1	0	1	0	0
1	金城洸	0	0	0	0	1
②	上間	2	0	2	2	0
④	島袋	4	1	0	2	0
	犠盗残失併 6 1 8 0 1	29	10	6	5	4

投手	回	打	安	振	球	責
知念	4	18	5	1	1	1
元	1 0/3	6	2	0	1	2
新垣	3 1/3	15	3	4	2	1
大城龍	3	14	3	0	2	4
金城和	3 1/3	13	2	1	1	1
金城洸	2 2/3	9	2	1	0	0

4回裏1死三塁、北山の上間栄治がスクイズを決める

4回裏、二盗を決める北山の一走・宮里光

1回裏、投手けん制を受けて一走を刺す沖尚の一塁手・普久原琳

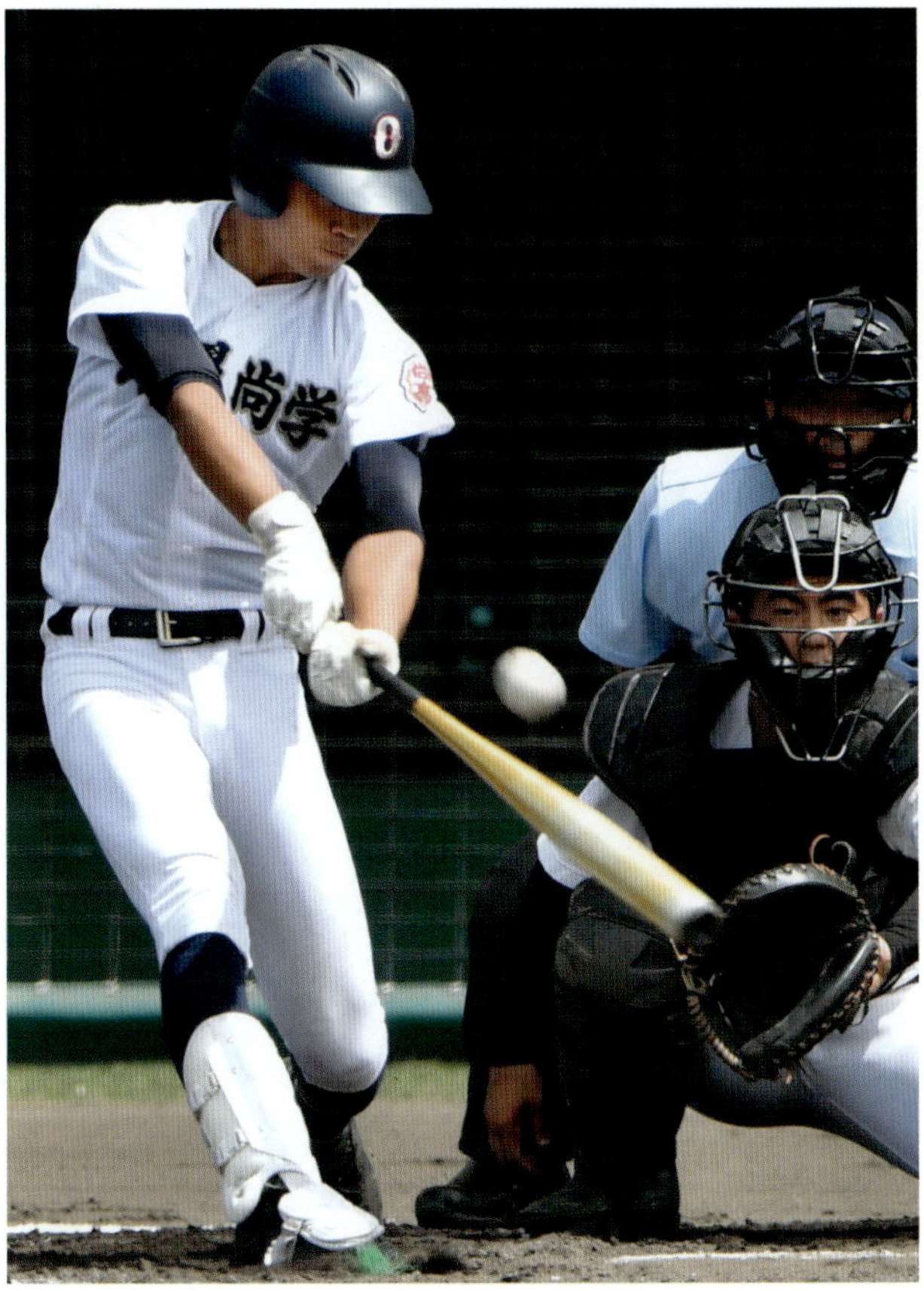
3回表2死満塁、沖尚の知念大成が右越え本塁打を放つ

スタンドの沖尚応援団

興南継投逃げ切り

那覇 一歩及ばず

興南は三回に中軸の3連打などで3点を先制、四、五回に1点ずつを返され1点差に迫られたが、八回、4番塚本大雅がソロ本塁打を放ってリードを広げた。その裏、1点を返されたが、継投の宮城大弥が後続を打ち取り、逃げ切った。118球で完投した那覇のエース・瀬長勇太朗は、「調子は悪くなかったが、力負けだった」と涙ぐんだ。

▽本塁打　塚本（興）
▽三塁打　喜屋武（那）
▽二塁打　塚本（興）津波古（那）
▽試合時間　2時間3分

8回裏那覇1死一、二塁、カバーに入った興南・藤木琉悠（右）が一走・中村剛瑠の生還を阻止し、同点を許さず

6回裏那覇無死一塁、投手けん制で一走を刺す興南の一塁手・仲村匠平

8回表興南無死、塚本大雅が右越え本塁打を放つ

3回表興南2死二塁、勝連大稀が中前適時打を放つ

那覇ナインに大きな声援を送る応援団

8回裏、那覇の垣花元太が
津波古陸斗の適時打で生還

試合後、相手の校歌を聞く
那覇ナイン

【興　南】		打	安	点	振	球
④	根路銘	5	3	0	0	0
③	仲　村	3	0	0	1	0
⑥	勝　連	4	2	1	0	0
⑨	塚　本	5	2	2	0	0
⑦	當　山	4	1	1	0	0
⑤	大　山	4	2	0	0	0
②	遠　矢	4	2	0	0	0
⑧	里	4	0	0	0	0
①	藤　木	3	0	0	1	0
1	宮　城	0	0	0	0	0
	犠盗残失併					
	4 0 9 0 0	36	12	4	2	0

【那　覇】		打	安	点	振	球
⑥	垣　花	4	2	0	1	0
④	新　城	3	0	0	2	1
⑦	中　村	4	2	0	2	0
③	津波古	4	2	2	0	0
⑧	松　川	4	0	0	1	0
⑤	新　垣	4	0	0	0	0
⑨	喜屋武	3	1	0	1	0
H	仲　嶺	1	0	0	1	0
①	瀬　長	4	2	1	1	0
②	根　波	2	0	0	0	0
	犠盗残失併					
	1 0 5 3 0	33	9	3	9	1

投手	回	打	安	振	球	責
藤　木	7 2/3	31	9	8	1	3
宮　城	1 1/3	4	0	1	0	0
瀬　長	9	40	12	2	0	3

7月16日
沖縄セルラースタジアム那覇

興　南	0	0	3	0	0	0	0	1	0	4
那　覇	0	0	0	1	1	0	0	1	0	3

嘉手納 打撃戦制す

粘り発揮も中部商惜敗

8回裏嘉手納2死満塁、親泊泰誠が右翼線に勝ち越しの3点三塁打を放つ

嘉手納は同点で迎えた八回、2死満塁から親泊泰誠の走者一掃の三塁打で3点を勝ち越した。先発の仲地礼亜は九回1死一、二塁を無失点で切り抜けた。長短10安打と自慢の強打を存分に発揮しての勝利。満身創痍の中で8強まで進んだ中部商業は、何度も追いつく粘りを見せたが、リードできなかったことが最後まで響いた。

▽三塁打　小濱（中）　小橋川、親泊（嘉）
▽二塁打　小濱、與古田（中）　又吉、安里（嘉）
▽試合時間　2時間44分

8回裏嘉手納2死満塁、親泊泰誠の三塁打で三走、二走に続き、一走・仲宗根大夢が生還する

スクイズを外し、三走をタッチアウトにする
中部商の捕手・前田亮

粘り強い投球で完投した嘉手納のエース仲地礼亜

【中部商】		打	安	点	振	球
⑧	知　念	5	1	2	0	0
④	仲　田	5	0	0	0	0
⑤	小　濱	5	3	0	0	0
⑦	徳　田	3	2	1	1	1
⑥	與古田	4	2	1	0	1
⑨	湧　川	1	0	0	1	1
1	宮　里	0	0	0	0	0
1	時　田	0	0	0	0	0
H	池　間	1	0	0	0	0
1	山　城	0	0	0	0	0
H	安　里	1	1	0	0	0
R	比　嘉	0	0	0	0	0
③	石　川	3	1	1	1	1
H	町　田	1	0	0	1	0
②	前　田	2	1	1	0	1
①9	宮　平	2	0	0	0	1
9	與那嶺	0	0	0	0	0
	犠盗残失併					
	4 0 10 2 1	33	11	6	4	6

【嘉手納】		打	安	点	振	球
⑨	木　下	4	1	0	0	1
⑦	中　村	4	2	1	0	1
④	又　吉	5	1	0	0	0
③	平	2	0	0	0	0
H3	仲宗根	1	0	0	0	2
⑧	親　泊	4	3	4	0	1
②	小橋川	2	1	2	1	1
R	伊　佐	0	0	0	0	0
2	上　地	1	0	0	1	1
⑤	大　城	2	0	1	1	1
①	仲　地	3	0	0	1	0
⑥	安　里	4	2	0	0	0
	犠盗残失併					
	2 0 9 1 2	32	10	8	4	8

投手	回	打	安	振	球	責
宮　平	4	21	7	2	1	3
宮　里	0/3	2	0	0	2	1
時　田	2	7	0	0	2	0
山　城	2	12	3	2	3	3
仲　地	9	43	11	4	6	6

7月16日
コザしんきんスタジアム

中部商	0	0	0	4	1	0	1	0	0	6
嘉手納	4	0	0	1	1	0	0	3	×	9

1回裏嘉手納1死三塁、大城堅地郎がスクイズを狙うが、低めに外され空振りとなる

中部商の応援団

敗戦に号泣する中部商のエース山城郁也（右）

美来工 春の覇者破る

美来工は5－6で迎えたタイブレークの延長十四回、無死一、二塁から犠打と四球で満塁にすると、2死から玉城幸人が右翼線への2点適時打を放って7－6でサヨナラ勝ちした。春王者として臨んだKBC学園未来沖縄だったが、初の甲子園出場には届かなかった。

▽三塁打　宮城（K）
▽二塁打　石原、下地、山城（K）比嘉竜、比屋根、比嘉真（美）
▽試合時間　3時間26分

【KBC】		打	安	点	振	球
⑤	宮　城	7	2	1	1	0
④	知　念	5	0	0	1	1
⑨	神　里	2	0	0	2	0
H	山　川	1	0	0	0	0
1	新　垣	2	1	0	0	0
9	谷　川	1	0	0	0	0
①61	宜　保	6	0	0	0	0
③93	山　城	5	2	0	1	0
②	石　原	4	4	0	0	1
⑦	下　地	5	2	2	0	1
⑥36	新　里	5	0	0	1	0
⑧	城　間	4	1	2	0	1
	犠盗残失併					
	4 0 11 2 0	47	12	5	6	4

【美来工】		打	安	点	振	球
⑤	伊波俊	4	1	0	0	3
⑧	比嘉元	6	0	0	3	0
②	玉　城	7	2	3	2	0
③	比屋根	5	2	1	1	1
R 3	與那覇	0	0	0	0	0
⑥16	比嘉真	6	1	2	2	1
⑨	城　間	1	0	0	1	1
H	砂　川	1	0	0	1	0
6 1	中　根	1	0	0	0	0
9	新　垣	1	0	0	0	0
①91	比嘉竜	6	1	0	1	0
④	宜野座	4	0	0	1	0
H	伊波海	0	0	0	0	1
4	横　田	1	0	0	1	0
⑦	大　城	3	2	0	0	0
7	野呂内	1	0	0	1	1
	犠盗残失併					
	2 0 13 0 2	47	9	6	14	8

投　手	回	打	安	振	球	責
宜　保	5	24	8	7	2	4
新　垣	5	17	0	4	2	0
宜　保	3 2/3	16	1	3	4	0
比嘉竜	5	20	3	4	3	2
比嘉真	1 1/3	8	4	0	0	2
中　根	1 2/3	8	3	0	0	1
比嘉竜	6	19	2	2	1	0

KBC	0	0	0	0	2	2	0	1	0	0	0	0	0	1	6
美来工	0	0	0	1	4	0	0	0	0	0	0	0	0	2X	7

7月14日
コザしんきんスタジアム
（延長十四回タイブレーク）

延長14回裏美来工２死満塁、玉城幸人の右翼線への安打で三走に続き、二走・横田悠李が生還しサヨナラ勝ち

延長11回のピンチを三振で切り抜け、雄たけびを上げるＫＢＣ未来の投手・宜保翔

延長14回裏美来工２死満塁、サヨナラ打を放った玉城幸人をたたえ、喜ぶ選手たち

リリーフ登板で5イニングを無失点に抑えたＫＢＣ未来の新垣龍希

糸満　6回に集中打

糸満は2―3の六回、打者一巡の猛攻で5点を奪い勝利を収めた。同点に追いついた後満塁にし、石川真也が走者一掃の三塁打で勝ち越した。今大会初登板の平良希綱は五回まで86球で、自責点1だった。真和志の先発・上原航は六回に連打を浴びてマウンドを降りたが七回に再登板。だが、追い上げはかなわなかった。

▽三塁打　川満2、平良、石川、山城恵（糸）安里純（真）
▽試合時間
▽試合時間　2時間42分

6回表糸満1死満塁、石川真也が走者一掃の中越え適時三塁打を放つ

1回表、真和志の桃原皇介（左）が飛球を好捕する

6回表糸満1死三塁、前野史佳がスクイズを決める

2回表、投手けん制で三走を刺す真和志の池山哲太

【糸　満】	打	安	点	振	球
④　銘　苅	4	1	0	2	2
⑦　前　野	2	0	1	0	1
③　大城陸	5	1	0	0	0
3　村　上	1	0	0	1	0
②　大城勇	5	0	0	0	1
⑧　石　川	3	2	3	1	2
⑨　川　満	3	3	4	0	1
⑤　兼　城	2	0	0	1	2
H5山城恵	1	1	1	0	0
⑥　金城絢	3	1	0	0	1
H　安仁屋	1	0	0	0	0
6　新　垣	0	0	0	0	0
①　平　良	2	2	0	0	0
1　玉城宙	2	0	0	0	0
1　辺士名	0	0	0	0	0
犠盗残失併					
5 0 13 2 0	34	11	9	5	10

【真和志】	打	安	点	振	球
⑨　山　城	5	0	0	2	0
⑥16安里純	1	1	1	0	2
②　安里孔	3	2	1	0	1
①61上　原	3	0	1	0	0
③　高　良	3	0	0	1	1
⑤　池　山	4	1	1	0	0
⑧　平　良	3	2	1	0	1
⑦　宮　里	1	0	0	0	0
H7金城蓮	2	0	0	0	0
④　桃原皇	3	0	0	0	0
犠盗残失併					
4 0 5 1 0	28	6	5	3	5

投　手	回	打	安	振	球	責
平　良	5	22	4	2	2	1
玉城宙	2 0/3	8	1	1	2	2
辺士名	2	7	1	0	1	0
上　原	5 1/3	32	7	4	8	5
安里純	1 1/3	6	0	0	2	0
上　原	2 1/3	11	4	1	0	2

7月14日
沖縄セルラースタジアム那覇

	1	2	3	4	5	6	7	8	9	計
糸　満	0	0	1	0	1	5	0	2	0	9
真和志	1	0	0	0	2	0	0	2	0	5

沖尚 終盤に底力発揮

7回表沖尚2死三塁、二宮鳳成が左中間に適時打を放つ

8回表沖尚2死三塁、暴投の間に三走・下地優琉馬が生還する

沖尚は同点で迎えた五回に暴投で勝ち越し点を挙げた後、2点リードの八回1死、5番水谷留佳が二塁打を放つとこの回打者12人、4長打を含む7安打などで一挙7得点し、コールド勝ちした。読谷は先発・金良宗一郎が粘投したが、八回の相手打線の猛攻を押し留めることができなかった。

4回表、二走の生還を阻止する読谷の捕手・伊禮柊（左）

▽三塁打　新垣、池間（沖）
▽二塁打　水谷2（沖）宮城幸（読）
▽試合時間　2時間19分

2回裏、読谷の安里大河が左前適時打を放つ

【沖　尚】	打	安	点	振	球
⑦　二　宮	5	2	1	2	0
⑧　深　川	2	1	1	0	1
⑤　　磨	3	0	0	1	2
R6高　良	0	0	0	0	0
①9知　念	5	1	1	1	0
④　水　谷	4	3	1	0	1
⑨　奥　原	2	0	0	0	0
1　新　垣	2	1	1	0	0
③　普久原	4	2	2	0	0
②　池　間	3	3	1	0	0
⑥5下　地	3	1	0	0	1
犠盗残失併　4 3 8 0 0	33	14	8	4	5

【読　谷】	打	安	点	振	球
⑥　澤　岻	4	1	0	1	0
⑤　波　平	4	1	0	0	0
③　津　波	4	0	0	2	0
⑧　砂　辺	4	1	0	0	0
⑦　川　満	2	0	0	0	1
④　安　里	3	2	0	0	0
②　伊　禮	3	0	0	3	0
⑨　宮城幸	2	1	0	0	1
①　金　良	3	0	0	3	0
1　東　江	0	0	0	0	0
1　與久田	0	0	0	0	0
犠盗残失併　0 0 6 1 0	29	6	0	9	2

投　手	回	打	安	振	球	責
知　念	6	23	5	6	1	0
新　垣	2	8	1	3	1	0
金　良	7 1/3	35	12	3	3	7
東　江	1/3	6	3	1	2	3
與久田	1/3	1	0	0	0	0

7月14日
沖縄セルラースタジアム那覇
（八回コールド）

沖　尚	0	1	0	0	1	0	1	7	10
読　谷	0	0	1	0	0	0	0	0	1

北山 38年ぶり8強

6回表北山1死二塁、宮里光が先制の左越え適時二塁打を放つ

6回表北山1死二塁、宮里光の左越え二塁打で
二走・大城龍之介が生還し先制する

北部勢で唯一4回戦に進んだ北山が、チームの目標だった「8強の壁」をついに破った。先発の大城龍は、4回1／3を3安打無失点と好投。九回のピンチに再びマウンドに上がり、1失点に抑えた。豊見城は仲田琢が11安打を浴びるも完投。打撃陣も最終回に3点を奪い意地を見せた。

▽三塁打　上間（北）当山、古波津（豊）
▽二塁打　宮里（北）玉城（豊）
▽試合時間　2時間15分

【北　山】		打	安	点	振	球
⑦	金城竜	5	2	0	0	0
⑧	石　川	4	3	0	0	0
①91	大城龍	3	2	0	1	1
③	仲　村	3	0	1	0	0
⑥	宮　里	4	1	1	0	0
⑤15	山　﨑	4	2	1	0	0
⑨	名　城	2	0	0	0	0
1	金城和	1	0	0	0	1
5	玉　城	0	0	0	0	0
9	玻名城	0	0	0	0	0
②	上　間	3	1	1	2	0
④	島　袋	3	0	0	1	0
H	仲尾次	1	0	0	0	0
4	金城輝	0	0	0	0	0
	犠盗残失併					
	5 3 9 0 1	33	11	4	4	2

【豊見城】		打	安	点	振	球
⑨	宜保達	4	1	0	1	0
⑥	神　谷	3	0	0	0	0
⑦	宜保魁	3	0	0	0	0
H	知念拓	1	1	0	0	0
③	玉　城	4	1	1	0	0
R	當　間	0	0	0	0	0
②	當　山	3	1	0	0	1
④	与那原	1	0	0	1	1
H4	古波津	2	1	1	0	0
⑤	佐久本	3	2	1	0	0
⑧	仲　本	2	0	0	0	0
H	西　銘	0	0	0	0	0
①	仲　田	4	1	0	0	0
	犠盗残失併					
	4 0 6 1 0	30	8	3	2	2

投手	回	打	安	振	球	責
大城龍	4 1/3	17	3	1	1	0
金城和	3 2/3	12	1	1	1	0
山　﨑	1/3	4	3	0	0	3
大城龍	2/3	3	1	0	0	0
仲　田	9	40	11	4	2	4

6回表、遊ゴロをジャンピングスローで
アウトにする豊見城の神谷天斗

最終回の追い上げも1点及ばず、
泣きじゃくる豊見城ナイン

7月14日
コザしんきんスタジアム

北　山	0	0	0	0	0	3	1	0	0	4
豊見城	0	0	0	0	0	0	0	0	3	3

興南 集中打で快勝

5回裏興南1死二、三塁、塚本大雅が右越えの2点適時三塁打を放つ

興南は打線がつながり五回に打者一巡で5得点、七回には3連打で2点を追加し、七回コールド勝ち。序盤は投手戦だったが、その中でも足を絡めるなど相手投手を揺さぶったことが功を奏した。首里東は1安打0四死球。唯一出たランナーも併殺で消え、全イニング3人で攻撃終了と完全に抑え込まれた。

▽三塁打　塚本（興）

▽二塁打　遠矢、里、大山、當山（興）

▽試合時間　1時間45分

【首里東】		打	安	点	振	球
⑥	石川	3	0	0	2	0
⑤	天久	3	1	0	0	0
⑧	砂川	3	0	0	2	0
②	根間	2	0	0	0	0
①791	新垣優	2	0	0	0	0
④179	新垣俊	2	0	0	0	0
③	玉城	2	0	0	1	0
⑦1	山城	1	0	0	1	0
4	喜屋武	1	0	0	0	0
⑨	松田	2	0	0	1	0
1	當眞	0	0	0	0	0
7	外間	0	0	0	0	0
	犠盗残失併					
	0 0 0 4 1	21	1	0	7	0

【興　南】		打	安	点	振	球
④	根路銘	3	0	0	0	1
③	仲村	4	0	0	0	0
⑥	勝連	3	1	1	1	0
⑨	塚本	3	1	2	0	1
⑦	比嘉龍	1	0	0	1	1
H1	宮城	2	2	1	0	0
⑤	大山	2	1	1	0	1
①7	當山	4	2	1	1	0
②	遠矢	3	1	0	0	0
⑧	里	2	1	1	0	1
	犠盗残失併					
	2 3 8 0 1	27	9	7	3	5

投手	回	打	安	振	球	責
新垣優	4 1/3	22	4	3	3	4
山城	1/3	2	1	0	0	0
新垣俊	1/3	2	1	0	0	0
當眞	1 1/3	7	2	0	2	2
新垣優	0/3	1	1	0	0	0
當山	5	15	1	5	0	0
宮城	2	6	0	2	0	0

7月15日
沖縄セルラースタジアム那覇
（七回コールド）

首里東	0	0	0	0	0	0	0	0
興　南	0	0	0	0	5	0	2X	7

6回裏、二ゴロで送球を受け併殺を取る首里東の遊撃手・石川峻

2回裏、首里東の玉城航太が飛び出した一走をタッチアウトにする

7回裏興南1死二、三塁、當山尚志が左越え適時打を放つ

那覇 18年ぶり8強

1回表那覇1死一、三塁、津波古陸斗が先制のスクイズを決める

8回裏、左越え三塁打を放ち
二塁を回る陽明の城間啓輔

那覇が「超個性派集団」と呼ばれて甲子園を沸かせた2000年以来の8強進出を果たした。初回にスクイズで先制、五回には津波古陸斗の適時二塁打などで3点を加えた。守っては初戦から3試合連続の無失点。陽明の阿波連仁監督は「選手たちの気持ちは充実していたが、それが空回りしてしまった」と振り返った。

▽三塁打　城間（陽）
▽二塁打　垣花、津波古（那）
▽試合時間　2時間20分

【那　覇】		打	安	点	振	球
⑥	垣　花	5	1	0	0	0
④	新　城	2	0	1	1	2
⑦	中　村	3	0	1	1	0
1	仲　嶺	1	0	0	0	0
③	津波古	4	2	2	0	0
⑧	松　川	4	2	0	0	1
R	上　地	0	0	0	0	0
7	比　嘉	0	0	0	0	0
⑤	新　垣	3	0	0	3	1
⑨8	喜屋武	4	1	0	1	0
①79	瀬　長	3	2	0	1	0
②	根　波	3	1	0	0	0
	犠盗残失併					
	6 0 11 3 2	32	9	4	7	4

【陽　明】		打	安	点	振	球
⑦	親　泊	2	0	0	2	0
7	平良周	2	0	0	2	0
⑧	新　垣	4	0	0	1	0
②	城　間	4	1	0	1	0
①	新　里	4	1	0	1	0
⑥	国　吉	4	1	0	1	0
⑨	東　江	4	2	0	0	0
③	平良栄	4	0	0	2	0
⑤	宇　良	2	0	0	0	0
④	山　城	2	0	0	0	1
	犠盗残失併					
	1 0 7 3 2	32	5	0	10	1

投　手	回	打	安	振	球	責
瀬　長	5 1/3	20	2	8	0	0
仲　嶺	3 2/3	14	3	2	1	0
新　里	9	42	9	7	4	0

6回途中まで2安打無失点と好投した
那覇の先発・瀬長勇太朗

6回表、交錯しそうになりながらも飛球を捕る陽明の一塁手・平良栄之進（右）

7月15日
沖縄セルラースタジアム那覇

那　覇	1	0	0	0	3	0	0	0	0	4
陽　明	0	0	0	0	0	0	0	0	0	0

中部商 終盤に一気

２回裏１死、中前打を放つ中部商の與古田行弥

8回裏中部商2死一、三塁、與古田行弥の中越え三塁打で三走・小濱佑斗（左）、一走・比嘉照人が相次いで生還する

中部商は大量11安打を放って7得点。投げては山城郁也、中濱太洋の継投で2失点に抑え逃げ切った。八回表、1死満塁を併殺で切り抜け流れを引き寄せると、その裏2本の三塁打などで一挙4得点した。昨夏4強の八重山農林は11安打を放つも11残塁とつながりを欠いた。

▽三塁打　知念、仲田、與古田（中）

▽二塁打　下里、石垣、宮城（八）知念（中）

▽試合時間　2時間21分

９回表、八重農の平田極が犠飛で生還し１点を返す

【八重農】		打	安	点	振	球
⑥	石垣	4	2	0	0	1
⑦	宜間	3	1	1	1	1
⑧	鷹野	5	1	0	1	0
③	米盛	3	0	0	2	0
9	親里	1	0	0	0	0
H	砂川	1	0	0	0	0
①	嘉弥真	4	1	0	1	0
②	宮城	3	2	0	1	1
④	下里	4	1	0	1	0
⑤	仲間	3	1	1	1	0
H	平田	1	1	0	0	0
⑨	大城琉	2	0	0	0	0
H3	仲野	2	1	0	1	0

犠	盗	残	失	併	打	安	点	振	球
1	1	11	2	1	36	11	2	9	3

【中部商】		打	安	点	振	球
⑧	知念	4	2	1	1	0
④	仲田	4	3	3	0	0
⑤	小濱	4	1	1	2	0
⑦	徳田	4	0	0	0	0
R7	比嘉	0	0	0	0	0
⑥	與古田	4	2	2	0	0
⑨	安里	2	0	0	1	0
9	與那嶺	2	0	0	2	0
③	石川	3	0	0	1	0
②	前田	3	3	0	0	0
①	山城	0	0	0	0	0
H	仲泊	1	0	0	1	0
1	中濱	0	0	0	0	0

犠	盗	残	失	併	打	安	点	振	球
2	1	2	0	1	31	11	7	8	0

投手	回	打	安	振	球	責
嘉弥真	8	33	11	8	0	5
山城	5	20	4	3	1	0
中濱	4	20	7	6	2	2

7月15日
コザしんきんスタジアム

八重農	0	0	0	0	0	0	1	0	1	2
中部商	0	0	2	0	0	1	0	4	×	7

試合後、ベンチ前に並ぶ八重山農林。３回戦に続く逆転はかなわず涙をぬぐった

嘉手納、ロータリー打線 10得点大勝

嘉手納は初回、平典士の左前適時打で先制。三、五、六回にも3点ずつ加点し、2試合連続のコールド勝利。この試合には15人が出場。「誰が出ても勝てるようなチームになってきた」と手応え。宮古総実は三回表、連続安打で作った好機を併殺でつぶし、その裏に失点して流れを渡してしまった。

▽二塁打　仲宗根、大城、奥間、古謝（嘉）

▽試合時間　1時間16分

6回裏嘉手納2死満塁、奥間常和が右中間2点二塁打を放つ

2回裏、宮古総の右翼手・濱川義幸がスライディングキャッチするがワンバウンドで安打となる

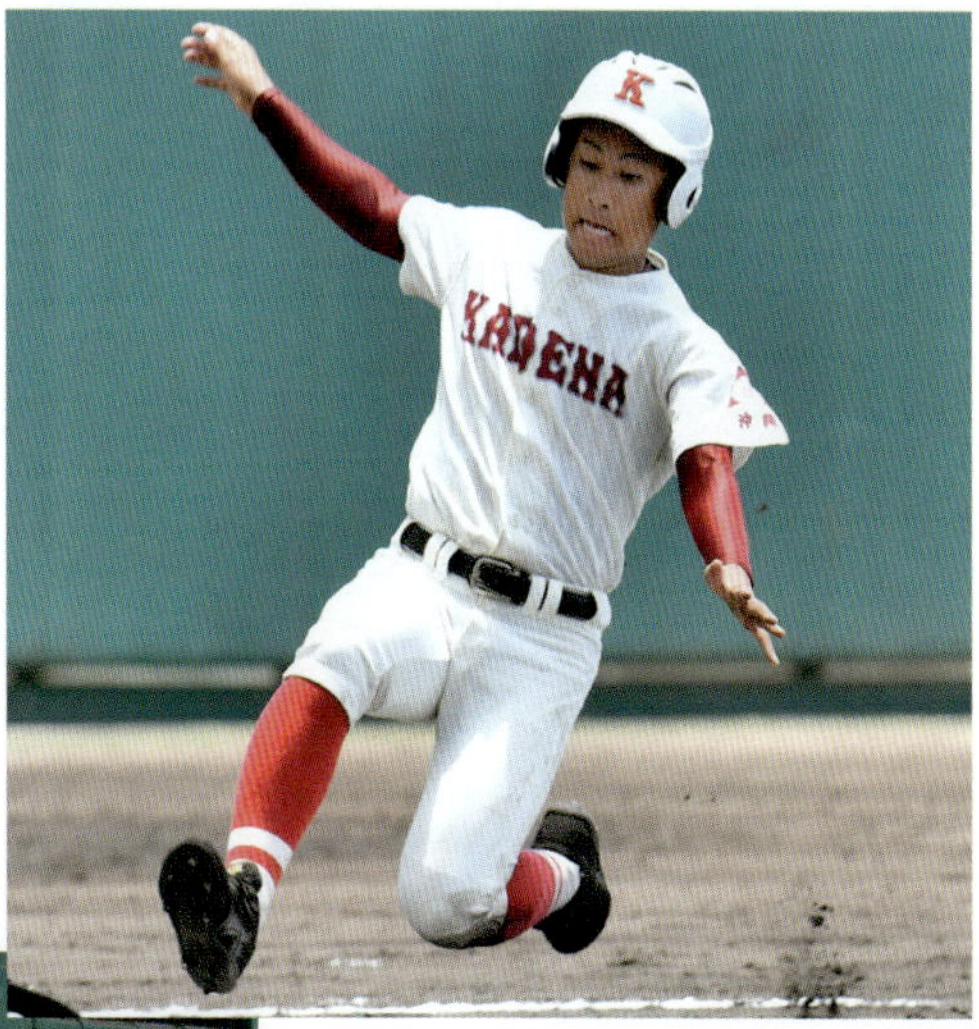

1回裏嘉手納2死二塁、平典士の左前打で二走・木下大輝が生還し先制する

試合後、ベンチ前に整列する宮古総実。14人での16強入りだった

【宮古総】		打	安	点	振	球
⑨	濱川義	2	1	0	0	1
⑥	粟　国	2	0	0	1	1
②	濱川真	3	0	0	0	0
①	仲宗根純	2	0	0	0	0
⑧	仲宗根俊	2	0	0	0	0
③	与那覇	2	0	0	1	0
⑤	伊良部	2	0	0	0	0
⑦	友　利	2	1	0	1	0
④	砂川竜	2	1	0	0	0
	犠盗残失併					
	0 0 3 2 0	19	3	0	3	2

【嘉手納】		打	安	点	振	球
⑨	木　下	4	3	0	0	0
⑦	中　村	4	2	0	0	0
④	又　吉	4	0	0	0	0
③	平	3	2	2	0	0
3	仲宗根	1	1	0	0	0
①8	前　泊	3	0	1	0	0
②	小橋川	3	1	0	1	0
R	伊　佐	0	0	0	0	0
1	仲　地	1	1	0	0	0
⑤	大　城	3	2	0	0	1
⑧	伊　禮	2	1	0	0	0
8	古　謝	1	1	2	0	0
2	上　地	0	0	0	0	0
⑥	安　里	3	0	0	0	0
H	奥　間	1	1	2	0	0
	犠盗残失併					
	1 2 9 0 2	33	15	8	1	2

投手	回	打	安	振	球	責
仲宗根純	5 2/3	36	15	1	2	6
前　泊	5	17	2	2	2	0
仲　地	1	4	1	1	0	0

7月15日
コザしんきんスタジアム（六回コールド）

宮古総	0	0	0	0	0	0	0
嘉手納	1	0	3	0	3	3X	10

KBC　終盤に底力

1－1で迎えた八回、KBC学園未来沖縄の先頭・宮城晴が右前打で出塁。2死二塁として4番宜保翔が変化球を左前に運び、決勝点に結びつけた。宜保は七回から3回を三者凡退に抑え8安打1失点で完投。具志川商は序盤、2死からの出塁が多く、ランナーを返すことができなかったのが悔やまれる。

▽二塁打　新垣（具）
▽試合時間　2時間9分

8回裏KBC未来2死二塁、宜保翔の左前打で二走・宮城晴が生還し勝ち越す

【KBC】		打	安	点	振	球
⑤	宮　城	3	1	0	0	1
④	知　念	3	1	0	0	0
⑨	神　里	3	0	0	0	1
①	宜　保	4	1	1	0	0
③	山　城	3	2	1	0	1
②	石　原	3	0	0	0	0
⑦	下　地	3	1	0	1	1
⑥	新　里	4	0	0	1	0
⑧	城　間	2	0	0	0	1
	犠盗残失併					
	2 0 6 0 1	28	6	2	2	5

【具　商】		打	安	点	振	球
⑧	安慶名	4	0	0	2	0
⑤	宮　城	3	1	0	0	1
⑥	山　城	3	1	0	0	1
②	横　田	3	1	1	0	1
⑦	知　名	4	1	0	1	0
③	呉　屋	4	1	0	1	0
⑨	屋宜和	4	2	0	1	0
①	平	2	0	0	0	0
1	新　垣	2	1	0	0	0
④	亀　山	4	0	0	0	0
	犠盗残失併					
	0 0 8 1 2	33	8	1	5	3

投　手	回	打	安	振	球	責
宜　保	9	36	8	5	3	1
平	4 1/3	19	3	1	5	1
新　垣	4 2/3	16	3	1	0	1

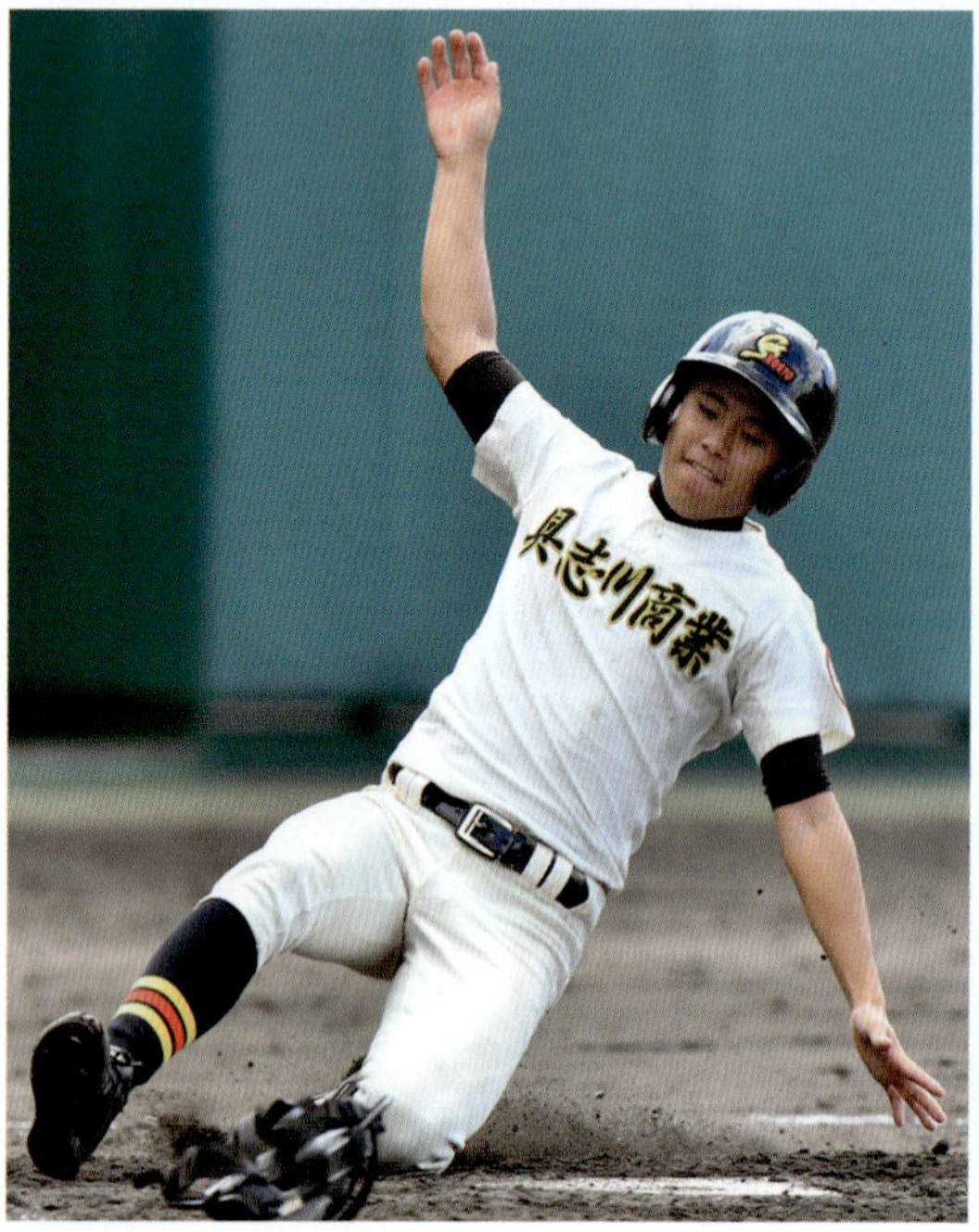

5回裏、同点打で生還する具商の二走・宮城力

捕邪飛をバックネット際で好捕するKBC未来の石原結光

7月7日
コザしんきんスタジアム

KBC	0	0	0	1	0	0	0	1	0	2
具　商	0	0	0	0	1	0	0	0	0	1

ピンチを切り抜け、ベンチに戻る具商の平和樹（左）・横田諒のバッテリー

美来工 継投実る

6回2/3を2安打と好投した美来工科の花城拓人

終盤八回に追い付き、喜ぶ宮古ナイン

昨年準優勝の美来工科は早めの継投策と終盤の勝負強さが光った。三回途中で先発の比嘉竜聖からマウンドを2年生の花城拓人に託した。今年に入って右サイドスローに転向した花城は被安打2、1失点に抑えた。宮古は八回表に宇座幸太郎の適時打で追いついたが、踏ん張れずに直後に4失点を喫した。

▽三塁打　花城（美）
▽二塁打　下地大、久貝颯（宮）城間、宜野座、比嘉真（美）
▽試合時間　2時間9分

ピンチを切り抜け、出迎えられる宮古の與那覇達也（右）

六回裏、適時打で勝ち越しのホームを踏み拳を握る美来工の玉城幸人

【宮　古】		打	安	点	振	球
⑦	與那覇龍	3	1	0	1	0
⑥	久貝颯	4	1	0	0	0
⑨	宇　座	4	2	1	0	0
③	田　村	4	1	1	0	0
3	村　田	0	0	0	0	0
④	久貝晃	2	0	0	0	2
⑤	宮　里	3	1	0	1	0
H	仲　間	1	0	0	0	0
②	佐和田	3	0	0	0	1
①	與那覇達	2	0	0	1	0
1	古　堅	0	0	0	0	0
⑧	下地大	2	1	0	1	1
	犠盗残失併					
	2 0 5 1 0	28	7	2	4	4

【美来工】		打	安	点	振	球
⑤	伊波俊	3	1	0	1	1
⑧	比嘉元	3	0	0	0	0
②	玉　城	3	1	0	0	1
③	比屋根	4	2	0	1	0
⑥	比嘉真	4	1	1	1	0
⑨	城　間	3	1	0	0	0
9	新　垣	1	0	1	0	0
①	比嘉竜	1	0	0	1	0
1	花　城	3	2	3	1	0
④	宜野座	3	1	1	0	1
4	横　田	0	0	0	0	0
⑦	當　山	1	0	0	0	0
7	野呂内	2	0	0	0	0
	犠盗残失併					
	2 0 6 0 2	31	9	6	5	3

投　手	回	打	安	振	球	責
與那覇達	7 0/3	33	8	5	3	6
古　堅	1	3	1	0	0	0
比嘉竜	2 1/3	9	5	1	0	1
花　城	6 2/3	25	2	3	4	1

7月7日
北谷球場

宮　古	1	0	0	0	0	0	0	1	0	2
美来工	0	1	0	0	0	1	0	4	×	6

真和志アーチ決着

7回裏、本塁打を浴びマウンド上で言葉を交わす普天間の具志堅泰地投手（左）と仲宗根悠吾捕手

7回裏真和志無死、安里孔貴が左越えに決勝本塁打を放つ

0―0の七回裏、真和志の先頭、安里孔貴が一振りで試合を決めた。捕手として、エース上原航の好投にバットで応えた。下手投げの右腕上原は散発4安打12奪三振と完封。九回1死二塁のピンチも2者連続三振に仕留めた。普天間は先発・具志堅泰地が力投したが「あの一球がなければ…」と悔やんだ。

▽本塁打　安里孔（真）
▽試合時間　1時間59分

【普天間】		打	安	点	振	球
⑧	比嘉良	4	0	0	1	0
⑥	平　敷	2	0	0	1	0
H	古　謝	1	0	0	1	0
6	三家本	1	0	0	0	0
⑨	末　吉	3	1	0	0	1
⑦	福　地	3	0	0	2	0
H	嶺　井	0	0	0	0	0
③	久　保	3	1	0	1	0
H	比嘉開	1	0	0	1	0
④	伊　禮	3	1	0	1	0
H	宮　城	1	0	0	1	0
②	仲宗根	3	0	0	2	0
①	具志堅	2	0	0	1	0
H	池　原	1	1	0	0	0
1	仲本光	0	0	0	0	0
⑤	花　城	3	0	0	0	0
	犠盗残失併					
	1 0 6 1 0	31	4	0	12	1

【真和志】		打	安	点	振	球
⑨	山　城	4	1	0	0	0
⑥	安里純	4	0	0	0	0
②	安里孔	2	1	1	0	1
①	上　原	3	1	0	0	0
③	高　良	3	0	0	1	0
⑤	池　山	3	1	0	1	0
⑧	平　良	3	1	0	0	0
⑦	宮　里	3	0	0	1	0
④	桃原皇	3	0	0	1	0
	犠盗残失併					
	0 1 4 2 1	28	5	1	4	1

投手	回	打	安	振	球	責
具志堅	7	25	4	4	1	1
仲本光	1	4	1	0	0	0
上　原	9	33	4	12	1	0

2回表、左前打を放ち出塁する普天間の伊禮徳人

8回表普天間無死、ワンバウンドの送球にグラブを出す真和志の一塁手・高良有

7月7日
沖縄セルラースタジアム那覇

普天間	0	0	0	0	0	0	0	0	0	0
真和志	0	0	0	0	0	0	1	0	×	1

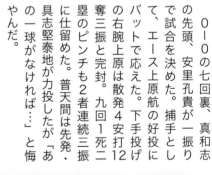

糸満 攻めて粘勝

6回裏糸満2死二塁、大城陸の中前適時打で二走・山城裕貴が6点目の生還

2回表、押し出しで生還する那覇商の永山和輝

糸満は、逆転された直後の二回裏、3安打を集めて5－3と逆転に成功。その後も2点を加え、7－5で那覇商を振り切った。四回まで打撃戦の様相だったが、先発の金城龍史郎が粘りの投球で五回以降は試合を落ち着かせた。那覇商は初回に連続押し出しなど、序盤の失点が響いた。

▽二塁打　大城（那）銘苅、大城勇（糸）

▽試合時間　2時間50分

3回裏、二塁ゴロをジャンピングスローでさばく那覇商の大城優

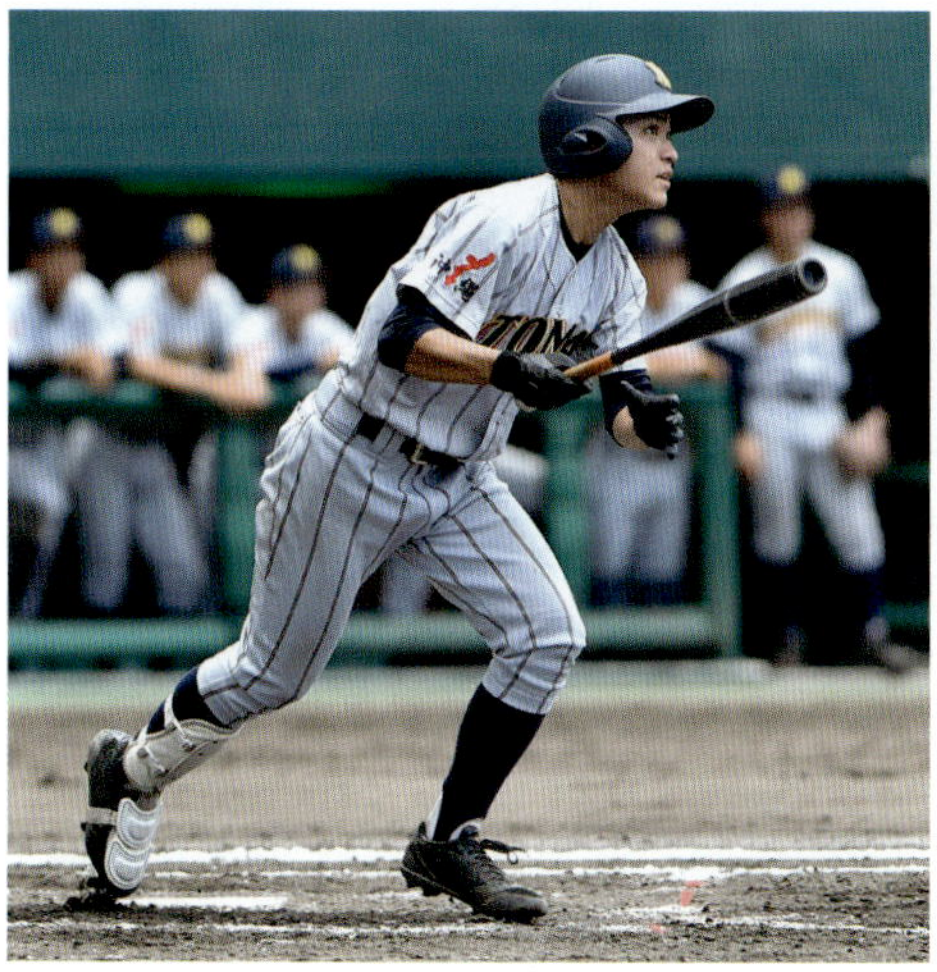

2回裏糸満無死一、二塁、銘苅樹が右越え適時二塁打を放つ

【那覇商】		打	安	点	振	球
⑤	渡具知	4	2	2	0	0
⑧	當銘練	2	0	0	0	2
③	宮城	4	0	0	1	1
⑦19	永山	2	0	0	1	2
H	城間	1	1	0	0	0
R	崎濱	0	0	0	0	0
①791	當銘壮	5	1	1	2	0
⑨	古波蔵	2	0	0	0	0
H7	平良	1	0	0	0	1
②	金城	4	0	0	0	1
⑥	川満	4	2	0	1	0
6	知念	0	0	0	0	0
④	大城	2	1	2	0	1
	犠盗残失併 4 0 11 1 0	31	7	5	5	8

【糸満】		打	安	点	振	球
⑨	山城裕	3	1	0	0	1
④	銘苅	4	2	1	1	0
③	大城陸	5	1	0	2	0
R	安仁屋	0	0	0	0	0
3	村上	0	0	0	0	0
②	大城勇	3	1	1	0	2
⑧	石川	4	1	2	1	1
⑦	前野	4	1	2	0	1
⑤	兼城	4	0	0	0	0
①	金城龍	4	1	0	0	0
⑥	金城絢	3	1	0	0	1
	犠盗残失併 2 0 11 2 1	34	9	6	4	6

投手	回	打	安	振	球	責
當銘壮	1 2/3	13	3	1	4	5
永山	5	23	5	3	2	1
當銘壮	1 1/3	6	1	0	0	1
金城龍	9	43	7	5	8	5

7月7日
沖縄セルラースタジアム那覇

那覇商	0	3	0	1	0	0	1	0	0	5
糸満	2	3	0	0	0	1	0	1	×	7

沖尚本塁打攻勢 12得点

沖縄尚学は2本のアーチで試合を決めた。五、八回にそれぞれ本塁打を放った7番普久原琳と6番二宮鳳成は、ともに公式戦初ホーマー。石川は五回に4安打を集中し3点を奪ったが、それ以外の回はすべて三人で攻撃を終えるなど抑え込まれた。四投手をつぎ込むも12四死球を与えリズムに乗れなかった。

▽本塁打　普久原、二宮（沖）
▽三塁打　知念（沖）
▽二塁打　知念、二宮（沖）
▽試合時間　2時間23分

5回表沖尚2死二、三塁、普久原琳が左越え3点本塁打を放つ

【沖　尚】		打	安	点	振	球
⑧3	具志堅	3	0	0	1	2
⑦	深　川	4	0	0	2	0
1	元	1	1	0	0	0
⑤	磨	3	1	0	0	2
6	高　良	0	0	0	0	0
①9	知　念	4	3	2	0	1
④	水　谷	2	0	0	0	3
⑨7	二　宮	5	3	5	0	0
③	普久原	2	1	3	0	2
R8	仲　村	0	0	0	0	0
②	池　間	3	1	0	0	1
⑥5	下　地	4	0	0	0	1
	犠盗残失併 2 1 9 0 1	31	10	10	3	12

【石　川】		打	安	点	振	球
⑧	比　嘉	4	2	1	1	0
⑥	登川諒	3	0	0	0	1
④	山田大	4	0	0	0	0
⑤15	永　山	3	1	0	2	0
③131	伊波和	3	0	0	1	0
②	新　島	2	0	0	1	1
⑦	渡慶次	3	1	1	1	0
⑨	福　山	3	0	0	3	0
①	村　吉	1	0	0	0	0
353	仲　程	2	1	1	1	0
	犠盗残失併 0 1 3 2 0	28	5	3	10	2

投　手	回	打	安	振	球	責
知　念	4 2/3	19	5	7	1	3
元	3 1/3	11	0	3	1	0
村　吉	4 2/3	25	6	2	5	6
伊波和	1 1/3	7	1	1	2	0
永　山	1 1/3	9	2	0	4	3
伊波和	2/3	4	1	0	1	1

適時打を放ち、一塁上でガッツポーズする石川の仲程伊吹

6回、相手の暴投で沖尚の二走・二宮鳳成が三塁にすべり込む

7月7日
コザしんきんスタジアム
（八回コールド）

沖　尚	0	0	1	0	5	0	1	5	12
石　川	0	0	0	0	3	0	0	0	3

一邪飛を好捕し、すかさず本塁返球する石川の伊波和輝

読谷一丸 延長制す

延長13回裏具志川1死二、三塁、遊ゴロで本塁突入する三走・與那覇拓也を読谷の捕手・伊禮柊が阻止

3−3で延長に突入した総力戦でタイブレークが適用される十三回表、読谷が押し出しで勝ち越し。その裏は遊撃手の澤岻安紋主将の好守が光り、相手の本塁突入を阻止するなど1点を死守した。具志川は序盤に先行したが、七回に追い付かれた。好機をものにできず、悔しい敗戦。

▽二塁打　浦添（具）
▽試合時間　3時間26分

【読谷】		打	安	点	振	球
⑥	澤岻	6	2	0	0	2
②	伊禮	4	1	0	0	2
⑧	砂辺	6	2	0	0	1
③	津波	4	2	0	0	2
⑤	波平	3	0	2	0	1
⑦	川満	5	1	0	0	1
④	安里	4	0	0	1	0
⑨	宮城幸	1	1	1	0	1
H9	大城	3	2	0	0	0
①	東江	1	0	0	1	0
1	金良	3	0	0	0	0
	犠盗残失併					
	7 1 16 0 1	40	11	3	2	10

【具志川】		打	安	点	振	球
⑤	大城慶	4	2	0	0	1
⑧	大城万	2	0	0	2	1
H	高江洲	1	0	0	0	0
9	島袋	1	0	0	0	0
④	眞喜志	6	3	0	0	0
③	山城祐	5	0	0	2	0
R	與那覇	0	0	0	0	0
②	浦添	6	1	1	0	0
⑥	仲松	4	1	0	2	1
⑨8	仲村渠	4	0	0	1	1
⑦	玉城	6	2	1	2	0
①	宇良	1	0	0	1	0
1	當山	0	0	0	0	1
H	上江洲	1	1	0	0	0
1	宮里	1	0	0	0	0
	犠盗残失併					
	6 1 13 0 0	42	10	2	10	5

投手	回	打	安	振	球	責
東江	2	10	3	1	1	1
金良	11	43	7	9	4	2
宇良	5	25	6	1	4	2
當山	3	12	3	1	1	1
宮里	5	20	2	2	5	0

ベンチからの伝令で表情が和む具志川ナイン

五回裏、勝ち越しに成功しベンチでタッチを交わす具志川の浦添駿斗

延長に入り、ベンチ前の円陣で気合を入れる読谷ナイン

7月7日
北谷球場（延長十三回タイブレーク）

	1	2	3	4	5	6	7	8	9	10	11	12	13	計
読谷	0	0	0	1	1	0	1	0	0	0	0	0	1	4
具志川	0	1	1	0	1	0	0	0	0	0	0	0	0	3

豊見城完封 守り勝つ

4回表豊見城1死二、三塁、仲本盛之佑がスクイズを決める。三走は宜保魁起

豊見城はスクイズで奪った1点を守り切った。エース仲田球は、初戦で3失点した課題を修正。下半身の使い方を意識することで制球力がアップし、軸となる直球、決め球のフォークがさえた。前原は二回裏の好機でスクイズ敢行も無得点。三回の2死満塁も生かせず完封負け。

▽二塁打　宜保達（豊）
▽試合時間　2時間10分

2回裏、前原の三走・玉城優が本塁を突くがタッチアウト

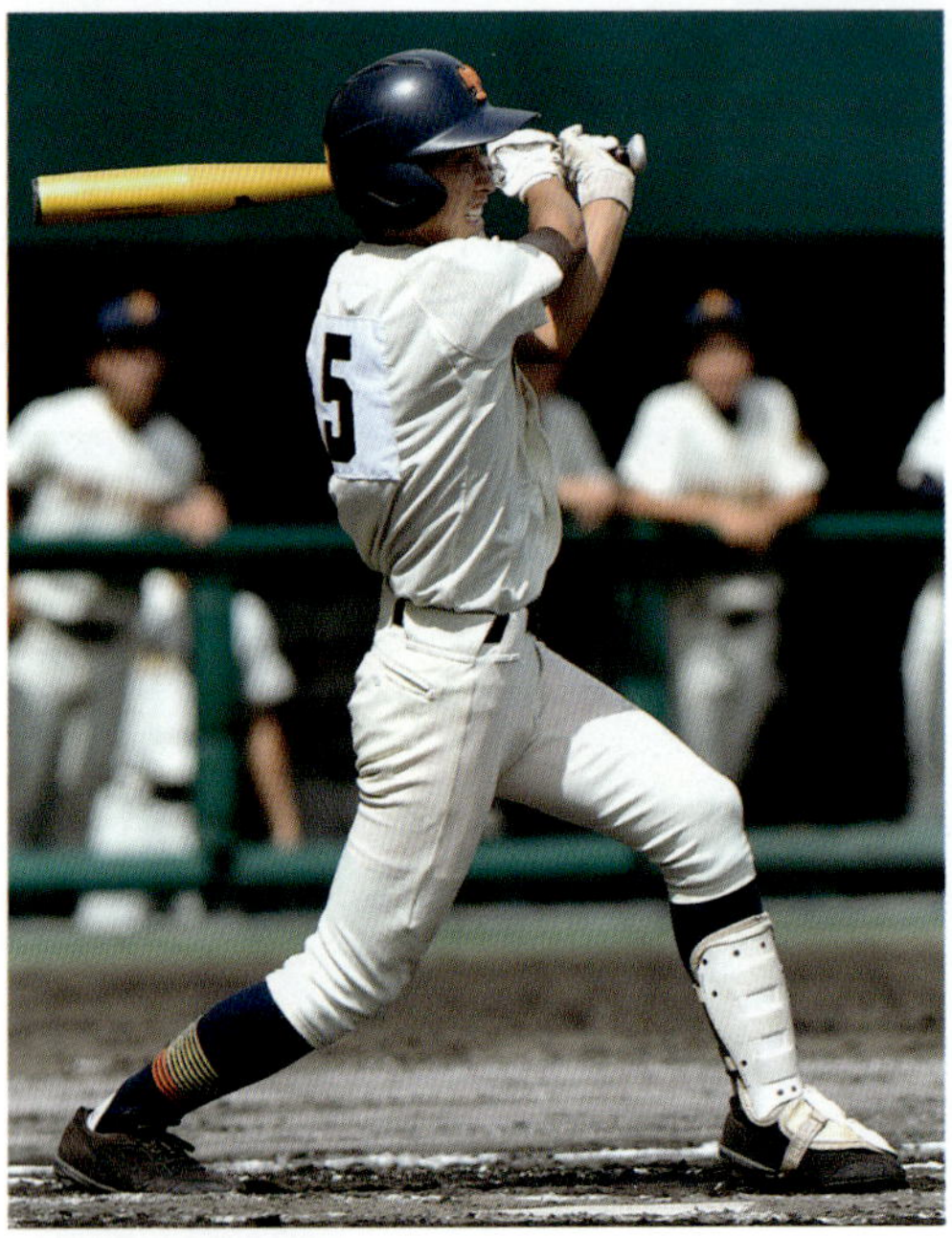

2回表豊見城無死、佐久本隼汰が中前打を放つ

1回表、マウンド上で言葉を交わす前原の投手・末吉泰宜（右）と捕手・桑江勉広

【豊見城】		打	安	点	振	球
⑨	宜保達	4	2	0	0	0
⑥	神谷	2	1	0	0	0
④	古波津	2	0	0	0	1
H	西銘	1	1	0	0	0
R	當間	0	0	0	0	0
4	与那原	0	0	0	0	0
③	玉城	3	0	0	2	0
⑦	宜保魁	4	1	0	2	0
②	當山	3	0	0	0	1
⑤	佐久本	3	1	0	0	0
⑧	仲本	2	1	1	0	0
①	仲田	4	0	0	2	0
	犠盗残失併 6 1 8 1 0	28	7	1	6	2

【前原】		打	安	点	振	球
⑨	兼島	4	2	0	0	0
⑦8	神谷	3	0	0	0	0
⑥	比嘉海	4	2	0	0	0
③	仲嶺	4	1	0	1	0
⑤7	玉城	4	1	0	2	0
②	桑江	4	1	0	0	0
①	末吉	4	0	0	2	0
⑧	高宮城	2	0	0	0	0
H5	東泊	2	0	0	0	0
④	比嘉駿	3	0	0	0	0
	犠盗残失併 1 1 8 2 0	34	7	0	5	0

投手	回	打	安	振	球	責
仲田	9	35	7	5	0	0
末吉	9	36	7	6	2	1

7月7日
沖縄セルラースタジアム那覇

	1	2	3	4	5	6	7	8	9	計
豊見城	0	0	0	1	0	0	0	0	0	1
前原	0	0	0	0	0	0	0	0	0	0

北山15安打快勝

4回表北山1死、ソロ本塁打を放ちベンチに祝福される山﨑慎ノ介

北山は山﨑慎ノ介のホームランなど長短15安打と打ちまくった。早朝練習で素振り100回とティー打撃を取り入れ、打力を鍛えた成果が出た。先発の大城龍之介は4回5安打無失点と好投。南部工は七回裏、代打の玉城喜陽の二塁打で一矢報いたが、その後の1死二、三塁を逸しコールド負け。

▽本塁打　山﨑（北）
▽三塁打　宮里（北）　島袋（南）
▽二塁打　玉城（南）
▽試合時間　1時間49分

【北　山】	打	安	点	振	球
⑦　金城竜	3	3	1	0	1
⑧　石　川	2	1	2	0	0
①9大城龍	4	1	2	0	0
③　仲　村	4	1	1	1	0
⑥　宮　里	4	1	0	1	0
⑤　山　﨑	4	3	1	1	0
⑨　名　城	2	1	0	0	0
1　金城和	2	0	0	1	0
②　上　間	3	1	0	2	0
④　島　袋	3	3	1	0	0
犠盗残失併					
2 0 5 1 0	31	15	8	6	1

【南部工】	打	安	点	振	球
⑧　嶺　井	4	0	0	0	0
⑦9志喜屋	4	0	0	0	0
⑥　島　袋	3	2	0	0	0
①　上原大	3	1	0	0	0
1　永　山	0	0	0	0	0
⑨7平　良	3	0	0	1	0
②　新　垣	3	2	0	0	0
③　金城勇飛	3	1	0	1	0
⑤　金城勇希	3	0	0	1	0
④　上原海	2	1	0	0	0
H　玉　城	1	1	1	0	0
犠盗残失併					
0 0 7 1 0	29	8	1	3	0

投　手	回	打	安	振	球	責
大城龍	4	16	5	2	0	0
金城和	3	13	3	1	0	0
上原大	6	31	14	5	1	8
永　山	1	3	1	1	0	0

三塁打を放ち、すべり込む北山の宮里光

7回裏、南部工の代打玉城喜陽が一矢報いる左中間適時二塁打を放ち塁上でガッツポーズ

相手の本塁突入をタッチアウトで阻止する南部工の捕手・新垣雄規

7月7日
コザしんきんスタジアム（七回コールド）

北　山	1	0	1	3	0	3	0	8
南部工	0	0	0	0	0	0	1	1

興南 継投策ぴたり

興南は、先制点を奪われた直後の3回裏、敵失の後、勝連大稀、比嘉龍之介の適時打で3点を奪った。四回のピンチで登板した藤木琉悠が5回2／3を2安打無失点と好救援して逃げ切った。八重山の先発・川原光は8安打を浴びたものの2併殺にとるなど粘りを見せた。

▽二塁打　砂川（八）

▽試合時間　2時間28分

八重山－興南　5回表八重山1死一塁、二ゴロで送球を受け、一塁に転送し併殺を取る興南の遊撃手・勝連大稀

【八重山】		打	安	点	振	球
⑥	西表	4	1	0	2	0
⑧	大城	3	0	0	1	0
④	新城	4	2	1	1	0
⑨	伊舎堂	4	1	0	0	0
⑤	里盛	3	0	0	1	1
③	當銘元	3	0	0	1	1
⑦	砂川	2	2	0	0	1
1	當銘京	1	0	0	0	0
①7	川原	4	0	0	2	0
②	豊平	1	1	0	0	1
	犠盗残失併 2 2 7 1 2	29	7	1	8	4

【興南】		打	安	点	振	球
④	根路銘	3	0	0	0	1
③	仲村	4	1	0	0	0
⑥	勝連	3	1	1	0	1
⑨8	塚本	3	2	0	0	1
⑦	比嘉龍	4	2	1	0	0
②	遠矢	1	0	0	0	0
2	具志頭	1	0	0	1	1
①9	宮城	4	0	0	0	0
⑧	里	1	0	0	0	0
1	藤木	3	1	0	0	0
⑤	大山	2	1	0	0	0
	犠盗残失併 2 3 8 0 2	29	8	2	1	4

投手	回	打	安	振	球	責
川原	7 1/3	33	8	1	4	1
當銘京	0 2/3	2	0	0	0	0
宮城	3 1/3	16	5	3	3	1
藤木	5 2/3	19	2	5	1	0

二塁ゴロをジャンピングスローでさばく八重山の新城一歩

1回表、俊足を生かしセーフティーバントを決めて出塁する八重山の西表大夢

7月8日
沖縄セルラースタジアム那覇

八重山	0	0	1	0	0	0	0	0	0	1
興南	0	0	3	0	0	0	0	0	×	3

4回途中から救援登板し2安打無失点に抑えた興南の藤木琉悠

首里東、エース粘投 逆転呼ぶ

宜野湾に2―1で競り勝ち、エース新垣優人（中央）に駆け寄り喜ぶ首里東ナイン

首里東が好投手を擁する宜野湾に2―1で競り勝った。初戦に続き1点差ゲームをものにした。2年生の新垣優人は完封の初戦から中1日の登板だったが、変化球6割の投球術で、宜野湾打線をかわし、被安打5の失点1に抑えた。宜野湾は七、八回の好機を逸したのが痛かった。

▽二塁打　山城、砂川（首）
▽試合時間　2時間20分

【宜野湾】		打	安	点	振	球
⑥	比嘉太	1	0	0	0	4
④	佐久原	4	0	1	0	0
⑦	安　里	3	1	0	1	0
1	小　嶺	1	0	0	0	0
①7	國　仲	2	0	0	0	2
③	眞喜志	4	1	0	0	0
⑧	富名腰	4	1	0	0	0
②	東　江	4	1	0	2	0
⑤	與　座	3	1	0	0	1
⑨	東	2	0	0	2	1
	犠盗残失併					
	2 0 10 1 2	28	5	1	5	8

【首里東】		打	安	点	振	球
⑧	砂　川	4	1	1	1	0
④	新垣俊	2	1	0	1	2
⑤	天　久	4	1	0	0	0
②	根　間	3	1	0	1	1
①	新垣優	2	0	0	1	0
⑥	石　川	3	0	0	2	0
③	玉　城	3	0	0	0	0
⑦	山　城	3	1	0	0	0
⑨	松　田	3	1	0	0	0
	犠盗残失併					
	1 0 5 0 1	27	6	1	6	3

投手	回	打	安	振	球	責
國　仲	6 1/3	25	6	6	2	2
小　嶺	1 2/3	6	0	0	1	0
新垣優	9	38	5	5	8	0

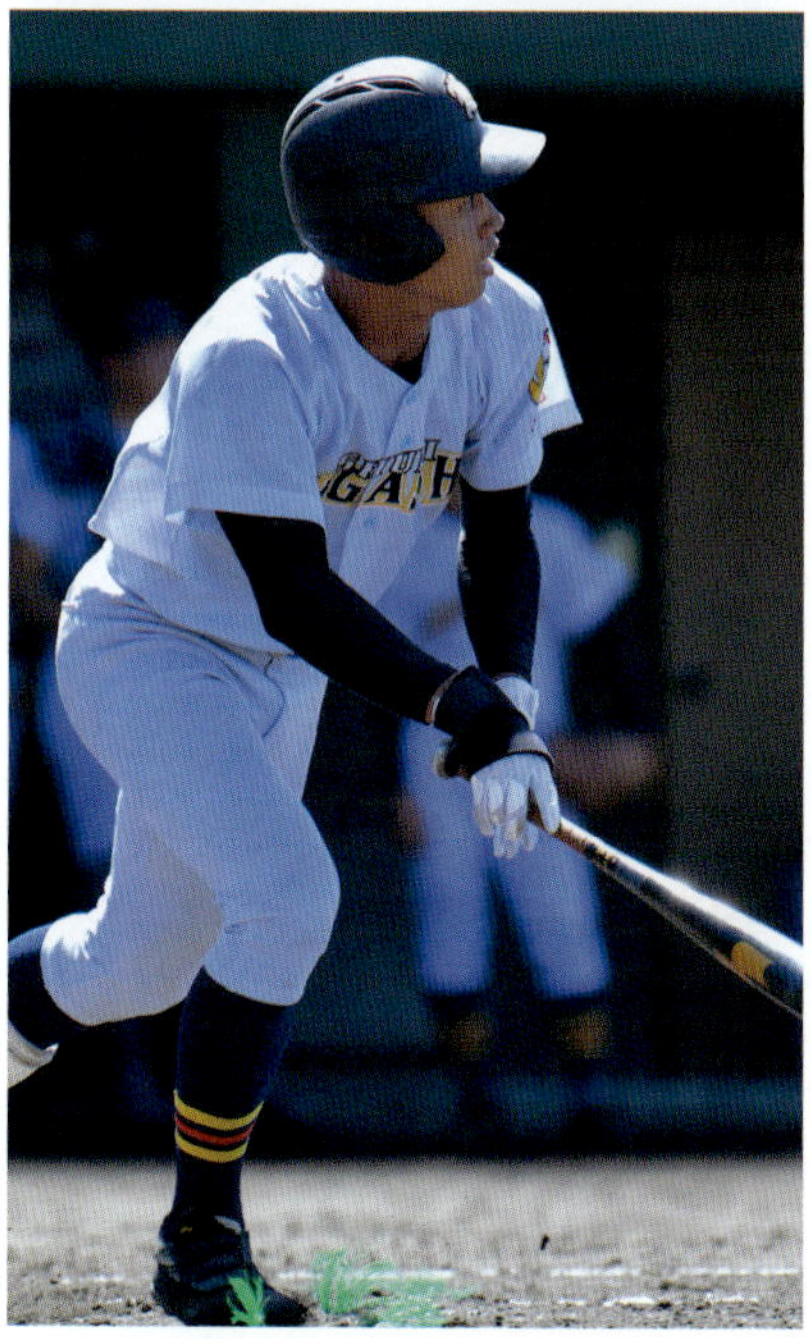

5回裏首里東2死一塁、砂川海斗が左中間に適時三塁打を放つ

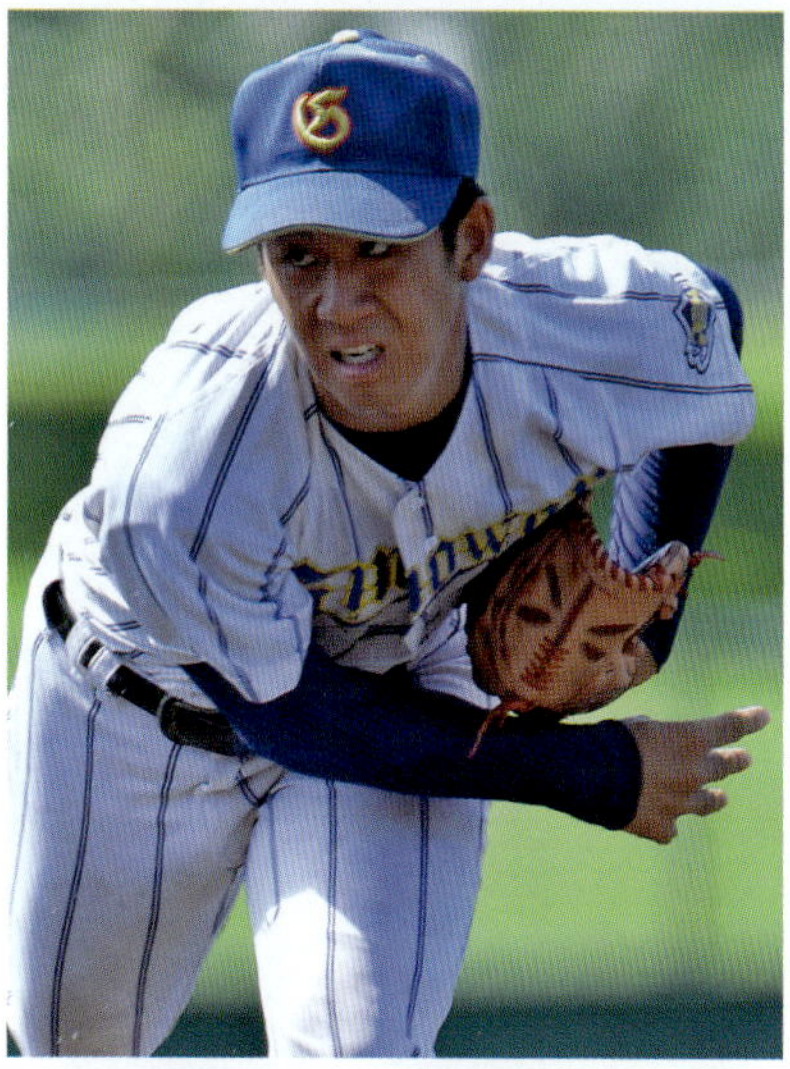

好投した宜野湾のエース國仲祐太

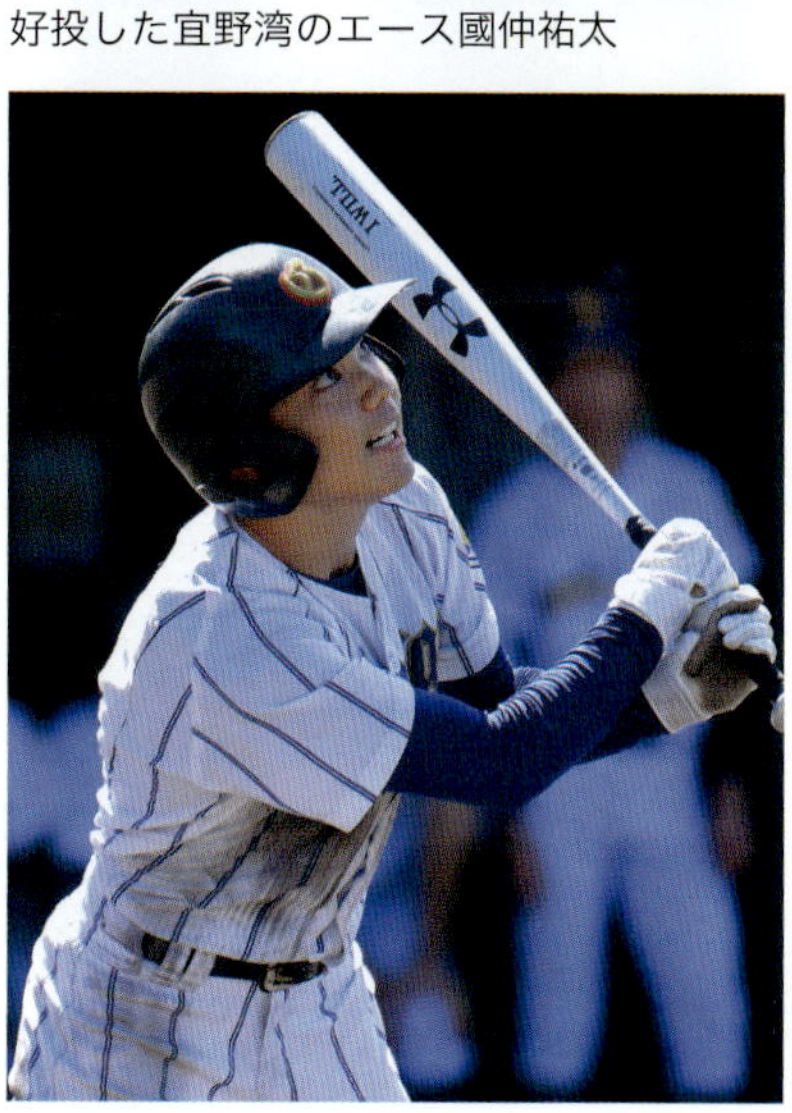

3回表宜野湾1死二三塁、佐久原琉也が右翼へ先制適時犠打を放つ

7月8日
北谷球場

宜野湾	0	0	1	0	0	0	0	0	0	1
首里東	0	0	0	0	2	0	0	0	×	2

那覇圧倒10得点

那覇が2試合連続のコールド勝利で16強に進んだ。初回に先制し、三回から六回まで毎回得点。敵失も絡み、10安打10得点と効率よく加点した。先発の瀬長勇太朗は六回途中を3安打無失点に抑えた。那覇国際は3投手が10安打を浴び、守備も5失策と乱れた。

▽三塁打　津波古、垣花（那）
▽二塁打　新垣（那）
▽試合時間　1時間35分

5回裏那覇2死満塁、ニゴロ送球エラーの間に三走に続き二走・根波朝唯が生還

4回裏1死二塁、那覇の垣花元太が中越え適時三塁打を放つ

1回表、那覇国の先頭打者、尾辻琢朗が左前打で出塁し、チャンスをつくる

5回裏、三ゴロで那覇の三走・喜屋武柊也の本塁突入を阻止する那覇国の捕手・中里直寛

【那覇国】		打	安	点	振	球
④	尾　辻	3	1	0	1	0
⑤	島　袋	2	1	0	0	0
5	我喜屋	0	0	0	0	0
⑧	寺　平	2	1	0	1	0
⑦	大　濵	2	0	0	0	0
②	中　里	2	0	0	1	0
⑨	照　屋	2	0	0	1	0
9	小　川	0	0	0	0	0
⑥	長　間	2	0	0	2	0
③	外　間	2	0	0	0	0
3	宮城太	0	0	0	0	0
①	崎　浜	1	0	0	1	0
1	新　垣	0	0	0	0	0
H	仲　地	1	0	0	0	0
1	村　田	0	0	0	0	0
	犠盗残失併					
	1 0 2 5 1	19	3	0	7	0

【那　覇】		打	安	点	振	球
⑥	垣　花	3	1	1	0	1
④	新　城	3	0	0	1	1
⑦	中　村	3	2	0	0	1
R	來　間	0	0	0	0	0
③	津波古	2	1	1	0	1
⑨1	仲　嶺	4	1	0	0	0
⑧	喜屋武	4	2	1	0	0
⑤	新　垣	4	2	3	1	0
①9	瀬　長	2	0	0	0	2
②	根　波	2	1	0	0	0
	犠盗残失併					
	2 0 8 0 1	27	10	6	2	6

投手	回	打	安	振	球	責
崎　浜	3 1/3	19	5	2	3	3
新　垣	1 2/3	10	2	0	3	1
村　田	2/3	6	3	0	0	1
瀬　長	5 2/3	19	3	7	0	0
仲　嶺	1/3	1	0	0	0	0

7月8日
沖縄セルラースタジアム那覇
（六回コールド）

那覇国	0	0	0	0	0	0	0
那　覇	1	0	1	2	4	2X	10

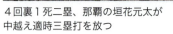

陽明 攻守に安定感

要所を抑え、2失点で完投した陽明の新里将太

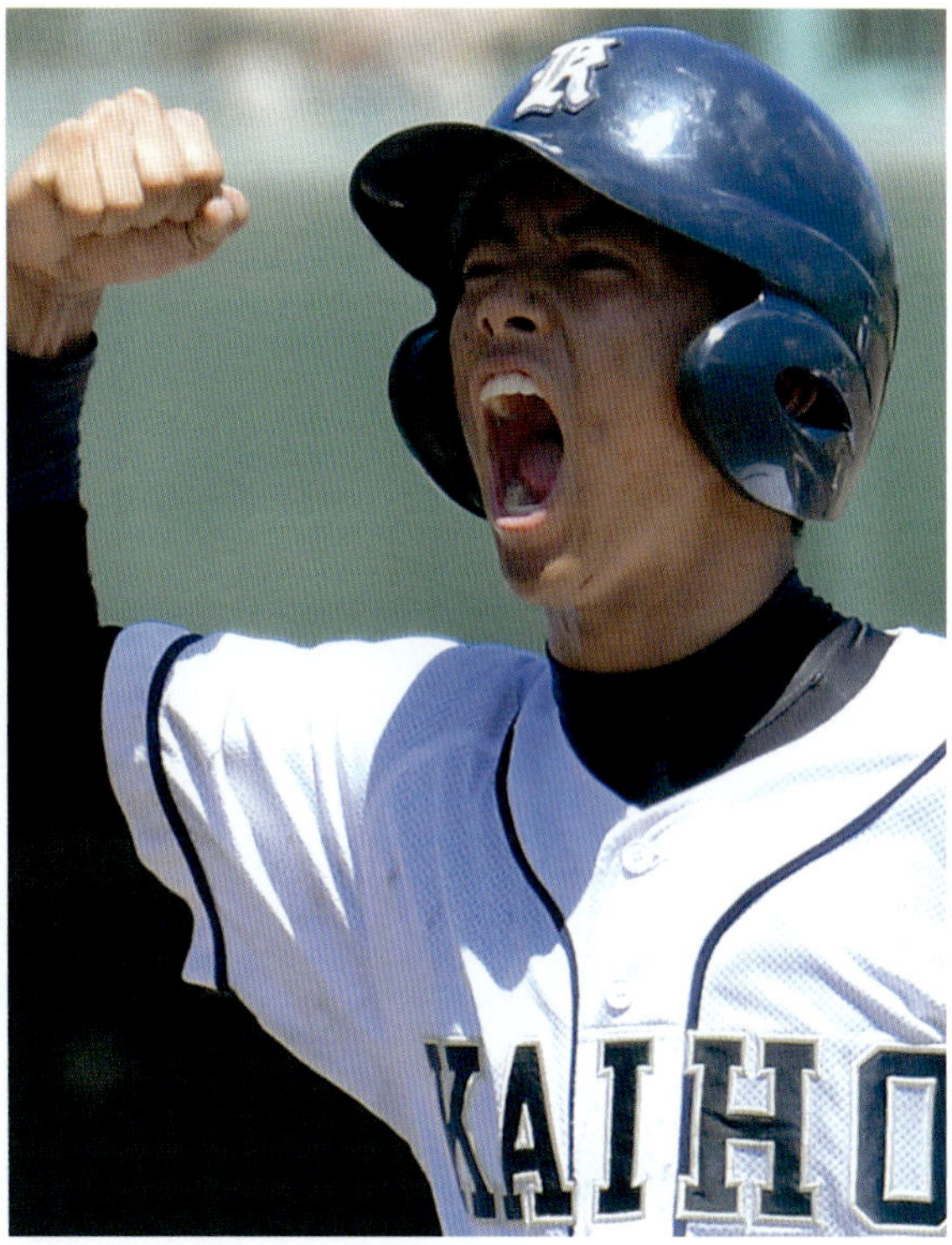

8回表 上門伸徳の適時打で生還し、雄たけびを上げる開邦の仲田大樹

5回裏陽明無死1塁、城間啓輔が犠打を決めチャンスを広げる

粘り強い投球で好投した開邦の先発・新城世紀斗

陽明は打線がつながり10安打。主戦新里将太が155球を投げて2失点でしのぎ、開邦に勝利した。コールド勝ちした初戦同様、この日も打撃が好調で主導権を握り続けた。開邦は三回から七回まで無安打。その間に相手に得点を重ねられ、八回の4連打による反撃も及ばなかった。

▽三塁打 新里、新垣（陽）▽二塁打 上門、新城（開）東江（陽）▽試合時間 2時間27分

【開　邦】		打	安	点	振	球
⑧	宮　城	4	0	0	2	0
③	仲　田	4	1	0	2	0
⑤	大　城	4	2	0	1	0
⑥	上　門	3	1	2	0	1
①	新　城	4	1	0	3	0
⑨	田　島	3	0	0	2	1
④	大宜見	4	0	0	0	0
②	金　城	2	0	0	2	1
H	清　水	1	0	0	1	0
⑦	富　盛	3	1	0	1	0
H	竹　内	1	0	0	0	0
	犠盗残失併					
	0 0 7 3 0	33	6	2	14	3

【陽　明】		打	安	点	振	球
⑤	眞栄里	5	0	0	2	0
⑧	新　垣	5	2	1	0	0
②	城　間	2	0	0	0	2
①	新　里	5	2	1	0	0
⑥	国　吉	5	0	0	0	0
⑨	東　江	4	3	1	1	0
③	平良栄	4	2	0	1	0
⑦	平良周	3	0	0	2	1
④	宇　良	2	1	1	0	1
	犠盗残失併					
	2 1 12 2 0	35	10	4	6	4

投　手	回	打	安	振	球	責
新　城	8	41	10	6	4	3
新　里	9	36	6	14	3	2

7月8日
北谷球場

	1	2	3	4	5	6	7	8	9	計
開　邦	0	0	0	0	0	0	0	2	0	2
陽　明	0	1	0	0	2	2	0	0	×	5

中部商 堅実に加点

8回表、三塁前に転がったゴロを一塁へ送球する与勝の花城琢巳

8回表中部商1死一、三塁、前田亮が右前適時打を放つ

中部商は二回、バントで進めた2死二塁から前田亮の適時打で先制。その後も六、七、八回に1点ずつ加え、与勝を4－2で突き放した。先発の中濱太洋は要所を締め120球の完投勝利。与勝は散発4安打で打線がつながらず、失策が失点に結びついたのが痛かった。

▽三塁打　與古田、知念（中）吉浜（与）
▽二塁打　名嘉村（与）
▽試合時間　2時間11分

【中部商】		打	安	点	振	球
⑧	知念	5	1	0	0	0
④	仲田	5	0	0	1	0
⑦	徳田	4	1	0	0	0
7	比嘉	0	0	0	0	0
⑥	與古田	4	2	0	0	0
⑤	小濱	3	2	1	1	0
③	石川	3	1	0	0	0
②	前田	4	2	2	0	0
①	中濱	3	0	0	0	1
⑨	湧川	3	0	0	0	0
9	與那嶺	1	1	0	0	0

犠	盗	残	失	併	打	安	点	振	球
2	1	7	1	1	35	10	3	2	1

【与勝】		打	安	点	振	球
⑧	森田	4	0	0	1	0
④	松崎	2	1	0	0	2
⑥	吉浜	2	1	1	0	1
②	名嘉村	4	1	1	0	0
③	大城	3	0	0	0	1
⑦	大石根	2	0	0	1	0
H	比嘉康	1	0	0	1	0
9	山口	1	0	0	0	0
⑤	花城	3	1	0	0	0
①	大山	2	0	0	2	0
1	長濱	1	0	0	1	0
1	伊計	0	0	0	0	0
⑨7	嘉陽	2	0	0	1	0
H	仲程	1	0	0	0	0
7	又吉	0	0	0	0	0

犠	盗	残	失	併	打	安	点	振	球
1	0	4	4	1	28	4	2	7	4

投手	回	打	安	振	球	責
中濱	9	33	4	7	4	2
大山	6 2/3	28	6	2	1	2
長濱	1 1/3	7	3	0	0	0
伊計	1	3	1	0	0	0

7月8日
コザしんきんスタジアム

中部商	0	1	0	0	0	1	1	1	0	4
与勝	0	0	0	0	0	1	0	0	1	2

2回表中部商2死二塁、前田亮の左前適時打で二走・小濱佑斗が先制のホームを踏む

9回裏、与勝の吉浜稜人が名嘉村紫陽の適時打で生還

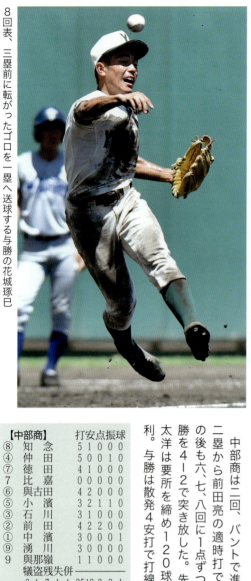

八重農 9回猛攻5点

9回表八重農無死二塁、鷹野蒼治郎の右前打で二走・宜間遥希（右）が生還し同点を喜ぶ

八重山農林は4点差の九回、石垣永恭、宜間遥希、鷹野蒼治郎の3連続適時打で追い付くと、暴投で勝ち越した。最後の攻撃前、砂川玄隆監督の「奇跡を起こそう」のげきに応えた。首里は九回裏、先頭の真玉橋長大が中前打で好機をつくったが、連続三振で及ばなかった。

▽三塁打　石垣（八）比嘉、金城恒（首）
▽二塁打　仲野、宜間（八）島袋、照屋、比嘉（首）
▽試合時間　2時間32分

【八重農】	打	安	点	振	球
⑥16石　垣	5	4	1	0	0
⑨　宜　間	4	1	2	1	1
⑧　鷹　野	4	1	2	0	0
②　宮　城	4	2	0	1	1
⑦3森　田	4	0	0	0	1
③　米　盛	1	0	0	1	0
1　嘉弥真	2	1	0	1	1
⑤　仲　間	4	0	0	1	1
④　下　里	3	1	0	1	0
H　平　田	1	1	0	0	0
R　大城琉	1	0	0	1	0
H　西玉得	0	0	0	0	0
4　大城嵐	0	0	0	0	0
①63仲　野	4	3	0	0	0
R7親　里	0	0	0	0	0
犠盗残失併 2 0 11 2 1	37	14	5	7	5

【首　里】	打	安	点	振	球
⑥　真玉橋	5	3	0	0	0
⑨　津波古	2	1	0	0	0
H　下　茂	1	0	0	1	0
4　神　谷	1	0	0	0	0
H　城　間	0	0	0	0	0
⑤　島　袋	4	2	1	2	0
②　金城恒	5	2	0	1	0
⑧　照　屋	3	1	1	0	0
③　金城幸	4	1	0	1	0
①717比　嘉	4	2	0	2	0
⑦　田　名	3	1	1	1	0
1　知　念	0	0	0	0	0
1　金城恭	1	1	1	0	0
7　益　山	0	0	0	0	0
1　赤　嶺	0	0	0	0	0
④　仲　里	2	0	0	1	0
H　土　屋	1	0	0	0	0
9　柴　田	1	0	0	0	0
犠盗残失併 3 2 8 0 1	37	14	4	9	0

投　手	回	打	安	振	球	責
仲　野	2/3	4	3	0	0	2
石　垣	2 2/3	12	3	1	0	1
嘉弥真	5 2/3	24	8	8	0	1
比　嘉	6	26	5	6	4	1
知　念	1	3	1	0	0	0
金城恭	1 0/3	9	6	0	0	4
比　嘉	1/3	2	2	0	0	1
赤　嶺	2/3	4	0	1	1	0

1回裏1死二塁、首里の島袋椋多が右中間に同点三塁打を放つ

8回裏、首里の金城恒希が中越え三塁打を放ち、送球エラーの間に生還

最終回で4点差をひっくり返し、満面の笑顔で校歌を歌う八重農の選手たち

7月8日
沖縄セルラースタジアム那覇

八重農	1	0	0	0	0	0	0	0	5	6
首　里	2	0	0	1	0	0	0	2	0	5

宮古総 12回サヨナラ

７回表、中部農の金城雄之介が右越えに三塁打を放つ。送球が逸れる間に生還する勝ち越し打に

延長12回裏宮古総２死二塁、伊良部理央が左中間へサヨナラの適時二塁打を放つ

宮古総は延長十二回、中部農林にサヨナラ勝ち。夏の県大会初勝利に続き、初の16強入りも果たした。サヨナラ打の伊良部理央は八回の守備で悪送球し同点のきっかけを作っただけに、値千金の一打となった。八回途中から登板の中部農の1年生・照屋守護は援護を待ち好投を続けたが力尽きた。

▽三塁打　金城雄（中）仲宗根純（宮）
▽二塁打　新里（中）与那覇、伊良部（宮）
▽試合時間　２時間37分

２回裏宮古総無死三塁、仲宗根俊輔が先制のスクイズを決める

【中部農】		打	安	点	振	球
⑤	金城龍	6	1	0	1	0
⑥	大城朝	5	0	0	1	0
②	新　里	5	1	0	1	0
⑦	玉　城	4	0	0	1	1
③	石　川	5	1	0	1	0
⑨	親　川	4	1	1	1	1
④	金城雄	2	2	0	0	1
①	竿　山	2	0	0	0	0
1	照　屋	2	0	0	0	0
⑧	大城霧	4	1	1	2	0

犠	盗	残	失	併	打	安	点	振	球
5	0	8	4	2	39	7	2	8	3

【宮古総】		打	安	点	振	球
⑨	濱川義	4	0	0	4	1
⑥	粟　国	4	1	0	1	1
②	濱川真	3	0	0	3	2
①	仲宗根純	5	2	0	0	1
⑧	仲宗根俊	4	0	1	0	1
③	与那覇	5	2	2	0	0
⑤	伊良部	5	2	1	0	1
⑦	友　利	4	1	0	1	1
④	砂川竜	3	2	0	0	1

犠	盗	残	失	併	打	安	点	振	球
6	0	13	3	0	37	10	4	9	9

投手	回	打	安	振	球	責
竿　山	7 0/3	34	8	6	7	3
照　屋	4 2/3	18	2	3	2	1
仲宗根純	12	47	7	8	3	1

３回裏、一走の盗塁を阻む中部農の遊撃手・大城朝士

7月8日
コザしんきんスタジアム
（延長十二回）

中部農	0	0	0	0	1	0	1	1	0	0	0	0	3
宮古総	0	1	0	0	0	0	2	0	0	0	0	1X	4

嘉手納 2回に一挙6点

3回裏嘉手納2死一、二塁、伊禮竜希が左中間へランニング3点本塁打を放つ

1回裏、併殺を狙う球陽の二塁手・平等斗

嘉手納打線が爆発した。四回には伊禮竜希が中堅へランニング本塁打を放つなど13安打14点を奪い、相手を圧倒。先発の石川銀は5回を被安打4で零封した。球陽は初回こそ無失点に抑えたが、二回以降打ち込まれ、6暴投、2ボークも重なり修正できないまま失点を重ねた。

▽本塁打　伊禮（嘉）
▽三塁打　親泊、石川（嘉）
▽二塁打　仲本（球）親泊、新城（嘉）
▽試合時間　1時間39分

【球　陽】		打	安	点	振	球
⑧	仲　本	3	1	0	1	0
④	平	2	0	0	1	1
①7	山　内	2	0	0	0	0
③	友　利	2	0	0	2	0
5	宮　良	0	0	0	0	0
⑥	神　谷	2	1	0	0	0
⑨	城　間	1	1	0	0	0
⑦	前　原	1	0	0	0	0
1	安座間	1	0	0	0	0
1	島袋艇	0	0	0	0	0
1	祖　堅	0	0	0	0	0
②	松　田	1	0	0	0	0
H	仲　村	1	0	0	1	0
⑤3	島袋銀	2	1	0	0	0
	犠盗残失併 1 0 5 0 0	18	4	0	5	1

【嘉手納】		打	安	点	振	球
⑤	又　吉	3	2	0	0	1
⑦	伊　禮	2	1	3	0	1
H7	古　謝	0	0	0	0	1
⑨	奥　間	2	2	2	0	2
③	糸　数	1	0	0	0	0
3	仲宗根	2	0	1	0	0
②	小橋川	3	1	1	1	0
④	町　田	2	1	0	0	0
H	新　城	1	1	0	0	0
R	我　謝	0	0	0	0	0
4	伊　佐	0	0	0	0	0
⑧	親　泊	3	2	1	0	0
①	石　川	3	3	2	0	0
⑥	安　里	2	0	0	0	1
	犠盗残失併 1 1 5 2 2	24	13	10	1	6

投　手	回	打	安	振	球	責
山　内	1 1/3	12	6	1	2	6
安座間	2	12	4	0	2	4
島袋艇	1/3	5	2	0	2	4
祖　堅	1/3	2	1	0	0	0
石　川	5	20	4	5	1	0

7月8日
コザしんきんスタジアム（五回コールド）

球　陽	0	0	0	0	0	0
嘉手納	0	6	3	5	×	14

2回裏、球陽の神谷一心が
内野安打を放つ

2回裏嘉手納1死満塁、仲宗根大夢のスクイズで三走・又吉李樹が生還

宮古 19得点で大勝

体を目いっぱい伸ばし内野安打を阻止する南部農林の川満隆太郎

昨夏8強の宮古が五回コールド勝ちで好発進した。初回に4番田村愛翔の先制3点適時二塁打を皮切りに7点。下地大介主将は「積極性と強いスイングを意識した」と納得の表情。南部農は立ち上がり、制球や守備の乱れが響いた。

▽本塁打　宇座、佐和田（宮）
▽三塁打　仲間（宮）
▽二塁打　田村、佐和田、久貝颯（宮）
▽試合時間　1時間34分

6月23日
アトムホームスタジアム宜野湾
（五回コールド）

	1	2	3	4	5	計
南部農	0	0	0	0	0	0
宮古	7	4	6	2	×	19

【南部農】		打	安	点	振	球
⑧48	上園	3	0	0	0	0
⑥	玉城	2	0	0	1	0
④14	牧志	2	0	0	1	0
①81	宮城	1	0	0	0	1
②	大城優	2	1	0	0	0
③	川満	2	1	0	0	0
⑨	伊佐	0	0	0	0	2
⑦	豊見山	2	1	0	1	0
⑤	大城涼	2	0	0	1	0
	犠盗残失併 0 1 4 1 1	16	3	0	4	3

【宮古】		打	安	点	振	球
⑦	與那覇龍	2	1	0	0	1
7	上原	1	1	0	0	0
⑥	久貝颯	2	1	0	0	1
H	與那覇達	0	0	1	0	0
4	砂川	0	0	0	0	0
⑨	宇座	4	4	3	0	0
③	田村	3	3	3	0	0
R 8	下地主	0	0	0	0	1
⑤45	仲間	3	1	1	0	1
④	久貝晃	0	0	0	0	2
H56	宮里	1	0	0	0	0
②	佐和田	3	2	4	0	0
2	下里	0	0	0	0	0
①	下地辰	2	1	1	0	0
1	黒澤	1	0	0	1	0
1	新里	0	0	0	0	0
⑧	下地大	1	1	1	0	1
1	村田	0	0	0	0	1
	犠盗残失併 1 7 1 0 2	23	15	14	1	8

投手	回	打	安	振	球	責
宮城	0 0/3	6	2	0	4	6
牧志	3	20	11	1	2	8
宮城	1	6	2	0	2	2
下地辰	2 1/3	11	2	3	1	0
黒澤	1 1/3	4	0	0	1	0
新里	1	4	1	1	1	0

前原 投手戦制す

前原打線を自責点1に抑えた宮古工のエース・宮城凌我

投手戦を制したのは前原。エース末吉泰宜は丁寧な投球で宮古工を零封し、二回には自ら適時二塁打を放ち先制するなど投打に活躍した。四回には玉城優のスクイズで加点。宮古工は五回、先頭の佐渡山翔太が三塁打を放つも無得点に終わったのが痛かった。

▽三塁打　佐渡山（宮）比嘉海（前）
▽二塁打　砂川凌（宮）末吉、仲嶺（前）
▽試合時間　1時間34分

6月23日
コザしんきんスタジアム

	1	2	3	4	5	6	7	8	9	計
宮古工	0	0	0	0	0	0	0	0	0	0
前原	0	1	0	1	0	0	0	0	×	2

【宮古工】		打	安	点	振	球
⑧	川満	4	1	0	1	0
⑥	新里	4	0	0	2	0
③	荷川取	4	0	0	1	0
④	砂川凌	4	1	0	0	0
①	宮城	3	0	0	0	1
⑦	下地	3	0	0	1	0
②	佐渡山	3	2	0	0	0
⑨	狩俣	2	1	0	1	0
⑤	砂川理	2	0	0	0	0
	犠盗残失併 2 0 5 1 0	29	5	0	6	1

【前原】		打	安	点	振	球
⑨	兼島	4	0	0	1	0
⑦	神谷	4	1	0	1	0
⑥	比嘉海	4	1	0	1	0
③	仲嶺	4	1	0	1	0
⑤	玉城	2	0	1	0	0
②	桑江	2	0	0	0	0
①	末吉	3	1	1	1	0
⑧	高宮城	3	2	0	0	0
④	比嘉駿	3	0	0	1	0
	犠盗残失併 2 2 5 0 0	29	6	2	6	0

投手	回	打	安	振	球	責
宮城	8	31	6	6	0	1
末吉	9	32	5	6	1	0

南部工 4番が決勝打

八商工の捕手・下地裕哉が相手走者をタッチアウト

南部工業は延長十三回裏、全国で初適用となったタイブレーク無死一、二塁から1死満塁へと好機を広げ、上原大雅の中犠飛でサヨナラ勝ちした。八商工は九回から伊計省吾の2点適時二塁打で追い付く粘りを見せた。

▽本塁打　伊計（八）
▽二塁打　亀田2、比嘉、伊計（八）志喜屋、新垣（南）
▽試合時間　3時間45分

【八商工】	打	安	点	振	球
⑧1亀田	5	3	0	0	1
⑥伊計	4	2	3	1	0
⑤大嶺	6	2	0	0	0
②下地	4	1	0	1	2
④西平	5	1	0	0	0
⑨比嘉	6	2	0	1	0
③伊礼	6	0	0	1	0
①7親里	4	0	0	2	2
⑦8中山	3	0	0	0	0
H屋比久	0	0	0	0	1
8本田	0	0	0	0	0
犠盗残失併 4 1 12 4 0	43	11	3	6	6

【南部工】	打	安	点	振	球
⑨福井	3	0	1	0	2
⑦志喜屋	5	2	0	0	0
7喜納	0	0	0	0	0
③6金城勇	6	1	0	0	1
①3上原大	4	0	1	0	2
⑥3島袋	4	1	0	1	1
1大城帆	1	0	0	0	0
②新垣	4	2	0	1	0
⑤金城勇	3	0	1	3	1
⑧山入端	4	1	0	0	1
④上原海	3	1	1	2	1
犠盗残失併 12 4 17 2 2	37	8	4	7	9

投手	回	打	安	振	球	責
親里	7	32	4	2	5	1
亀田	5 2/3	26	4	5	4	2
上原大	9	39	10	2	4	4
大城帆	4	14	1	4	2	0

6月23日
アトムホームスタジアム宜野湾
（延長十三回タイブレーク）

八商工	0	0	1	0	1	0	0	0	2	0	0	0	0	4
南部工	0	1	0	0	0	0	1	2	0	0	0	0	1X	5

八重山 効果的にタイムリー

9回表美里工1死一塁、仲吉黎の適時打で生還し、雄たけびを上げる上間玲於

昨年大会2回戦と同一カード。昨年延長の末に勝利した八重山が、美里工の猛追を振り切って初戦を突破した。三回に追いつき、六回2死二、三塁から豊平康太朗の中前安打で逆転。與那城吾朗監督は「粘り強さや底力など、たくさんのことを学ばせてもらった」と相手チームをたたえた。

▽三塁打　宮城里（美）伊舎堂（八）
▽二塁打　上門、仲吉（美）當銘元、川原（八）
▽試合時間　1時間50分

【美里工】	打	安	点	振	球
⑧仲吉	4	1	1	0	1
⑤4赤平	5	1	0	2	0
⑥野末	4	1	0	0	1
②宮城里	4	2	1	0	0
③上門	4	2	2	0	0
R7新垣	0	0	0	0	0
⑨仲村	4	1	0	1	0
⑦仲本	4	0	0	2	0
3島袋	0	0	0	0	0
①花城	1	0	0	0	0
H5宮里	2	0	0	1	0
④親田	3	0	0	0	0
1吉山	0	0	0	0	0
1上間	0	0	0	0	1
犠盗残失併 1 0 8 0 2	35	8	4	6	3

【八重山】	打	安	点	振	球
⑥西表	4	1	0	0	1
⑧大城	1	0	0	0	3
④新城	3	2	0	1	0
⑨伊舎堂	4	2	2	0	0
⑤里盛	4	1	1	1	0
③當銘元	4	2	0	0	0
⑦砂川	3	0	0	0	0
①川原	3	2	0	0	1
②豊平	4	1	2	1	0
犠盗残失併 2 0 8 3 1	30	11	5	3	5

投手	回	打	安	振	球	責
花城	6	27	9	1	3	3
吉山	1/3	4	1	0	2	2
上間	1 2/3	6	1	2	0	0
川原	9	39	8	6	3	4

6月23日
北谷球場

美里工	1	0	0	0	0	0	0	2	1	4
八重山	0	0	1	0	0	2	2	0	×	5

八重農16安打　小刻みに加点

４回表、本部の一塁手・江田暖侍が邪飛を好捕

昨夏4強の八重山農林が、初戦をコールド勝ちで制した。長打7本を含む16安打と打線が好調。盗塁にエンドランと機動力でもかき回し、大量11点を挙げた。3番鷹野蒼治郎は3安打4打点と打ちまくった。本部は背番号10の1年生、幸地怜央が七回129球を一人で投げた。

▽三塁打　鷹野（八）仲地（本）
▽二塁打　鷹野2、宜間2、米盛、石垣（八）久高（本）
▽試合時間　1時間50分

【八重農】		打	安	点	振	球
⑥	石　垣	5	2	0	0	0
⑨	宜　間	3	3	1	0	1
⑧1	鷹　野	5	3	4	0	0
③	米　盛	4	2	2	2	0
38	森　田	1	1	0	0	0
R	久　貝	0	0	0	0	0
8	親　里	0	0	0	0	0
②	宮　城	3	0	0	1	2
①3	仲　野	1	0	0	0	2
3	砂　川	0	0	0	0	0
⑤	仲　間	3	2	1	0	0
④	下　里	4	2	0	0	0
4	上江洲	0	0	0	0	0
⑦	大城琉	2	0	0	0	0
7	嘉弥真	2	1	2	0	0
7	平　田	0	0	0	0	0
	犠盗残失併					
	3 3 9 0 0	33	16	10	3	5

【本　部】		打	安	点	振	球
⑤	久　高	3	2	1	0	0
⑥	島袋琉生	2	0	0	0	0
④	島袋琉	3	0	0	2	0
③	江　田	3	0	0	2	0
②	大　城	3	1	0	1	0
⑧	茂　刈	2	0	0	0	0
⑨	上　間	2	0	0	0	0
H	仲　本	1	0	0	0	0
①	幸　地	2	0	0	0	0
⑦	仲　地	2	1	0	0	0
	犠盗残失併					
	2 1 3 2 0	23	4	1	5	0

投　手	回	打	安	振	球	責
仲　野	5 0/3	19	4	3	0	1
鷹　野	2	6	0	2	0	0
幸　地	7	41	16	3	5	10

6月23日
北谷球場

八重農	1	0	2	2	4	0	2	11
本　部	0	0	0	0	0	1	0	1

（七回コールド）

KBC　投打かみ合う

４回表、飛び出した二走をタッチアウトにする沖縄工の前城弥（右）

KBC未来沖縄が継投で沖縄工を3安打に抑えてコールド勝ちを収めた。宜保翔は変化球を織り交ぜ粘投。代わった新垣龍希も力のある直球で残る2イニングとも3人で仕留めた。打線も好調。四回、下地俊輝がソロ本塁打を放った。沖縄工は5投手をつぎ込むも11安打を浴びた。

▽本塁打　下地（K）
▽二塁打　山城（K）泉（沖）
▽試合時間　1時間45分

【KBC】		打	安	点	振	球
⑤	宮　城	3	1	0	0	1
④	知　念	3	2	1	0	0
⑨8	神　里	3	1	1	0	0
①6	宜　保	4	2	0	0	0
③9	山　城	3	1	2	0	0
②	石　原	3	1	0	0	1
⑦	下　地	4	1	1	2	0
⑥3	新　里	3	1	0	0	1
⑧	城　間	3	1	2	0	0
1	新　垣	0	0	0	0	0
	犠盗残失併					
	3 4 7 0 2	29	11	7	2	3

【沖縄工】		打	安	点	振	球
⑥	新　城	3	1	0	0	0
⑨	安里剛	2	0	0	1	0
④	棚　原	3	0	0	0	0
⑤	座　安	3	0	0	1	0
⑦	金　城	2	1	0	0	0
③	泉	2	1	0	0	0
⑧	親　川	2	0	0	1	0
②	東　江	2	0	0	1	0
①	西　原	1	0	0	0	0
1	前　城	0	0	0	0	0
1	嘉味田	0	0	0	0	0
1	前　里	0	0	0	0	0
H	高　島	1	0	0	0	0
1	中　村	0	0	0	0	0
	犠盗残失併					
	2 1 3 2 0	21	3	0	4	0

投　手	回	打	安	振	球	責
宜　保	5	16	3	2	0	0
新　垣	2	6	0	2	0	0
西　原	3 1/3	18	6	0	1	5
前　城	1	6	3	0	1	2
嘉味田	2/3	4	1	1	1	0
前　里	1	4	1	0	0	0
中　村	1	3	0	1	0	0

6月24日
アトムホームスタジアム宜野湾

KBC	1	0	2	2	2	0	0	7
沖縄工	0	0	0	0	0	0	0	0

（七回コールド）

主将の2発で具商競り勝つ

4回裏、北中城は池田圭佑適時三塁打で1走の宮城暖が生還

【具　商】		打	安	点	振	球
⑧	安慶名	5	0	0	0	0
⑤	宮　城	4	1	0	0	0
⑥	山　城	4	3	3	0	0
②	横　田	4	0	0	1	0
⑦	知　名	4	1	0	0	0
③	呉　屋	3	1	1	0	1
⑨	屋宜亮	1	0	0	0	0
H9	謝　花	2	0	0	0	0
①	平	2	1	0	0	0
1	新　垣	1	1	0	0	0
④	亀　山	3	1	1	0	0
	犠盗残失併					
	3 0 5 0 0	33	9	5	1	1

【北中城】		打	安	点	振	球
⑧4	池原虎	4	1	0	1	0
⑨	池原蓮	4	0	0	2	0
⑤13	兼　城	3	0	0	2	1
③1	宮　城	4	3	1	0	0
⑦	池　田	4	1	1	2	0
⑥	仲　田	3	1	0	1	0
H	大城光	1	0	0	1	0
④	奥　平	0	0	0	0	0
H	安　村	1	0	0	0	0
8	内　山	1	0	0	1	1
②	安　里	0	0	0	0	0
H	喜友名	1	0	0	0	0
2	玉　城	2	0	0	0	0
①5	長　嶺	3	0	0	1	0
	犠盗残失併					
	0 0 4 2 1	31	6	2	11	2

投　手	回	打	安	振	球	責
平	7	26	5	6	2	2
新　垣	2	7	1	5	0	0
長　嶺	5	19	4	0	0	1
兼　城	2 1/3	11	3	1	1	2
宮　城	1 2/3	7	2	0	0	1

6月24日
北谷球場

具　商	1	1	0	0	0	0	0	2	1	5
北中城	1	0	0	1	0	0	0	0	0	2

具志川商は3番に入った主将の山城龍斗が公式戦初の2本塁打、〝無心の打撃〟でチームをけん引した。初回先制のソロ。同点で迎えた八回表1死一塁では、変化球を捉えて勝ち越し2ラン。北中城は二度も同点に追いつく粘りだったが、五回以降は1安打に抑え込まれた。

▽本塁打　山城2（具）
▽三塁打　宮城、池田（北）
▽二塁打　新垣、亀山（具）
▽試合時間　2時間17分

美来工、6回一気5得点

4回、那覇工はゴロを捕球した遊撃手・慶田城翔也（左）、二塁手・下地紘太の連係プレーで併殺を取り、ピンチを切り抜ける

【美来工】		打	安	点	振	球
⑤	伊波俊	2	1	1	1	2
H5	砂　川	1	0	0	0	0
②	玉　城	3	1	0	0	1
③	比屋根	4	2	4	0	0
⑥	比嘉真	4	2	1	1	0
⑨	城　間	1	0	0	0	2
H	玉　寄	1	0	0	0	0
1	中　根	0	0	0	0	0
①9	比嘉竜	3	1	0	0	1
④	横　田	2	0	0	1	0
H	大　城	1	1	0	0	0
4	宜野座	1	1	0	0	0
⑦	當　山	3	1	0	0	0
7	野呂内	1	0	0	0	0
	犠盗残失併					
	2 1 8 0 2	29	10	7	5	6

【那覇工】		打	安	点	振	球
⑧1	日　賀	3	0	0	1	0
⑤	田　前	2	1	0	1	1
③	我那覇	3	0	0	0	0
⑥	慶田城	2	1	0	0	1
⑦	知　念	1	0	0	0	1
②	新　垣	2	1	0	0	0
H	西　里	1	0	0	1	0
⑨8	狩　俣	1	0	1	1	1
①	赤　嶺	1	0	0	0	0
1	大城幸	0	0	0	0	0
9	松　原	1	0	0	0	0
④	下　地	2	1	0	0	0
	犠盗残失併					
	3 0 4 1 0	19	4	1	4	4

投　手	回	打	安	振	球	責
比嘉竜	5	19	3	1	4	1
中　根	2	7	1	3	0	0
赤　嶺	5 1/3	30	7	5	6	6
大城幸	2/3	3	2	0	0	1
日　賀	1	4	1	0	0	0

6月24日
コザしんきんスタジアム

美来工	0	0	2	1	0	5	0	8
那覇工	0	0	0	0	1	0	0	1

（七回コールド）

昨年準優勝の美来工科が、3－1の六回に4番比屋根京介の3点本塁打などで5得点して突き放し、コールド勝ちを収めた。春季大会後に肘を痛めた先発の比嘉竜聖は、5回を投げて1失点と粘投。那覇工は五回に下地紘太の適時打で1点を返したが後が続かなかった。

▽本塁打　比屋根（美）
▽二塁打　比嘉真（美）
▽試合時間　1時間44分

普天間　2年生左腕完投

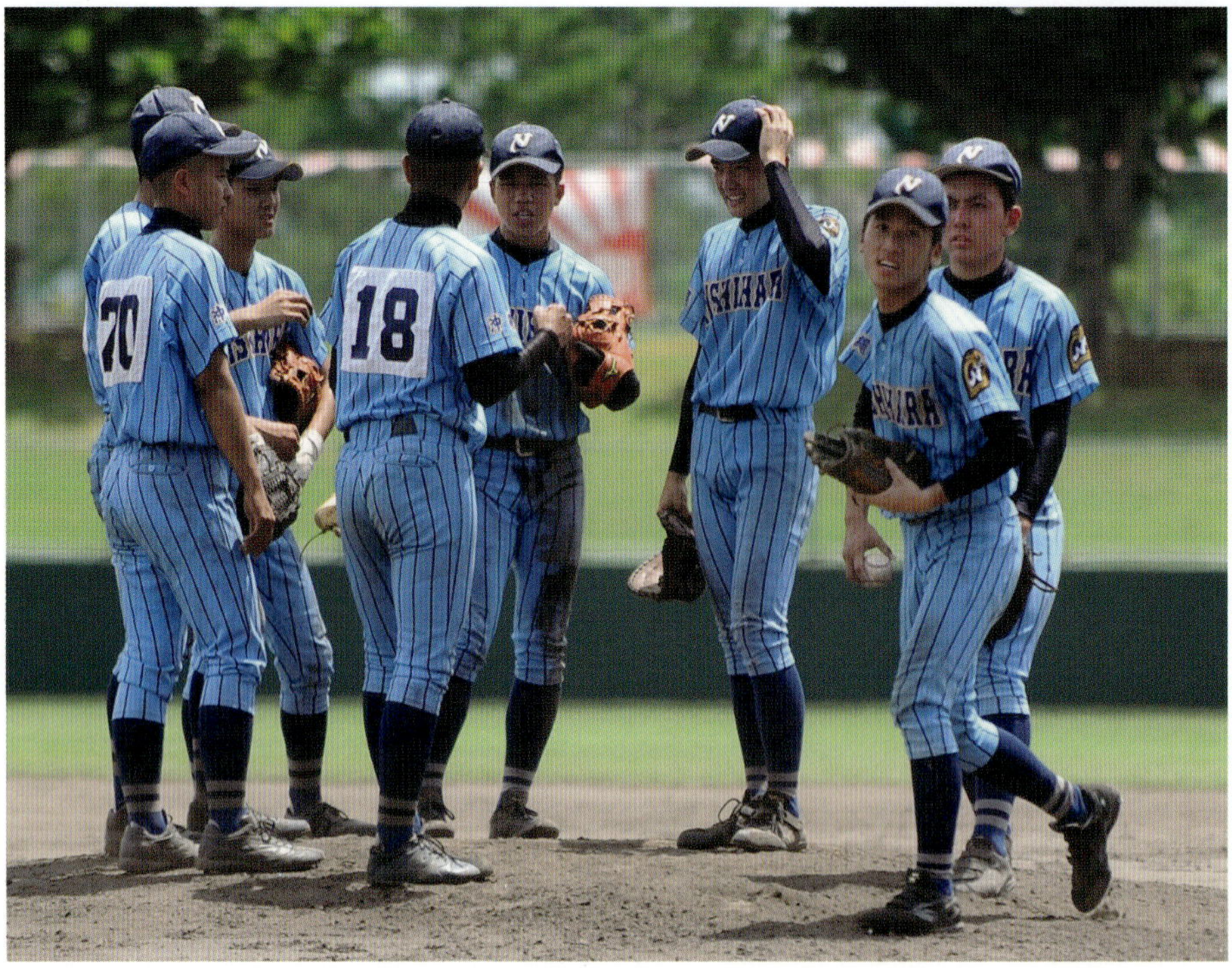

ピンチを迎え、マウンドに集まり励まし合う西原ナイン

普天間は背番号18の2年生左腕・具志堅泰地の制球がさえ、被安打5の無四球で完投勝利。打線も中盤以降、具志堅の粘投に応えて奮起し、西原を5―1で退けた。西原は四回、同点に追いついた直後にスクイズを仕掛けたが逆転はできなかった。

▽二塁打　末吉2、福地2、伊禮（普）
▽試合時間　2時間30分

【普天間】		打	安	点	振	球
⑧	比嘉良	5	3	0	1	0
⑥	平　敷	1	0	0	0	0
H	古　謝	1	0	0	0	0
6	三家本	2	0	0	2	0
⑨3	末　吉	4	3	1	1	1
⑦	福　地	4	2	1	1	1
③	久　保	4	0	0	0	0
H9	宮　城	1	0	0	0	0
④	伊　禮	3	3	3	0	1
4	嶺　井	0	0	0	0	0
②	仲宗根	4	0	0	0	0
①	具志堅	3	0	0	2	1
⑤	花　城	4	0	0	1	0
	犠盗残失併					
	1 2 9 1 0	36	11	5	8	4

【西　原】		打	安	点	振	球
⑦	比嘉祥	4	0	0	1	0
⑤	與那嶺	4	0	0	0	0
⑧	眞喜屋	4	1	0	1	0
②	安座間	4	1	0	0	0
①9	國　吉	4	1	1	2	0
④	大　西	3	1	0	0	0
⑥	比嘉伸	3	0	0	0	0
③	當　銘	3	1	0	1	0
⑨	大城琉	2	0	0	0	0
1	新　垣	0	0	0	0	0
	犠盗残失併					
	1 0 4 1 1	31	5	1	5	0

投　手	回	打	安	振	球	責
具志堅	9	32	5	5	0	0
國　吉	7 0/3	31	9	7	2	4
新　垣	2	10	2	1	2	0

6月24日
北谷球場

普天間	0	0	0	1	0	1	0	2	1	5
西　原	0	0	0	1	0	0	0	0	0	1

真和志10安打7得点

2回裏、一走の盗塁を阻む宜野座の遊撃手・平川塁

部員19人の真和志が10安打で7得点し、昨年大会8強の宜野座を破った。津留直樹監督が勝因に挙げたのはバッテリー。右下手投げの上原航が緩急でかわし、二回から三回にかけ5者連続三振を記録。宜野座は玉寄琉暉の本塁打などで追い上げたが、序盤の失点が響いた。

▽本塁打　玉寄（宜）
▽三塁打　島袋（宜）安里純（真）
▽二塁打　新里清（宜）上原、平良（真）
▽試合時間　2時間30分

【宜野座】		打	安	点	振	球
⑧	新里虹	3	0	1	1	1
④	許　田	5	0	0	0	0
⑥	平　川	4	2	0	0	0
③	新里清	4	1	0	2	0
⑤	玉　寄	4	3	2	1	0
①7	松　田	4	2	0	2	0
⑦	玉　城	1	0	0	1	0
1	島　袋	2	1	0	1	0
②	比嘉孝	3	0	0	1	1
⑨	棚　原	2	0	1	0	1
H	比嘉祐	1	0	0	0	0
	犠盗残失併					
	2 0 7 0 1	33	9	4	9	3

【真和志】		打	安	点	振	球
⑨	山　城	5	1	0	1	0
⑥	安里純	3	2	0	0	2
②	安里孔	2	0	1	1	1
①	上　原	4	1	1	0	1
③	高　良	1	0	0	0	3
⑤	池　山	4	2	1	1	0
⑧	平　良	2	1	1	0	1
⑦	宮　里	3	2	2	0	0
④	桃原皇	4	1	0	1	0
	犠盗残失併					
	4 6 9 1 0	28	10	6	4	8

投　手	回	打	安	振	球	責
松　田	2 2/3	15	3	3	5	4
島　袋	5 1/3	25	7	1	3	3
上　原	9	38	9	9	3	4

6月24日
コザしんきんスタジアム

宜野座	0	0	0	0	2	2	0	0	0	4
真和志	1	0	3	0	2	1	0	0	×	7

那覇商、無失点で勝利

6回裏、小禄の捕手・濱里奈祐（右）が二走・宮城文弥の本塁突入を阻止

那覇商はエース當銘壮太が伸びのある直球を武器に小禄打線を4安打に打ち取り、完封勝利を飾った。三回に内野ゴロの間に先制、六回に當銘壮の左適時打で追加点を奪った。小禄は春の大会でコールド負けした相手に善戦、成長を見せた。

▽二塁打　古波蔵（那）

▽試合時間　2時間10分

【小　禄】		打	安	点	振	球
⑨	山　城	3	1	0	1	1
⑤	宮　城	4	0	0	0	0
⑧	當　山	3	0	0	2	0
8	金城翔	1	0	0	0	0
③	新　里	4	1	0	1	0
⑦	金城龍	4	0	0	1	0
④	上原正	3	1	0	0	1
⑥	比　嘉	3	0	0	0	0
②	濱　里	3	0	0	0	0
①	瑞慶覧	2	0	0	0	0
1	山　里	1	1	0	0	0

犠盗残失併

0 0 6 0 0　31 4 0 5 2

【那覇商】		打	安	点	振	球
⑤	渡具知	4	0	1	1	0
⑧	當銘練	3	1	0	0	0
③	宮　城	3	1	0	0	1
⑦	永　山	3	0	0	0	1
①	當銘壮	3	1	1	0	0
⑨	古波蔵	3	2	0	0	0
②	金　城	3	1	0	0	0
⑥	川　満	3	1	0	1	0
④	大　城	3	1	0	1	0

犠盗残失併

1 0 5 0 0　28 8 2 3 2

投手	回	打	安	振	球	責
瑞慶覧	6	24	6	2	2	2
山　里	2	7	2	1	0	0
當銘壮	9	33	4	5	2	0

6月24日
アトムホームスタジアム宜野湾

小　禄	0	0	0	0	0	0	0	0	0	0
那覇商	0	0	1	0	0	1	0	0	×	2

糸満大勝 11安打9得点

失点後も励まし合う美里の捕手、伊計俊希（左）と中村舜のバッテリー

糸満は六回に打者一巡で5得点するなど計11安打を放ち美里に9―1で七回コールド勝ち。3安打した4番の大城勇稀主将は「しっかりと引きつけて打つ自分のスイングができた」と喜んだ。3安打に終わった美里だが、七回に代打の大城飛竜の適時打で1点を返し最後の意地を見せた。

▽二塁打　大城勇2、石川（糸）

▽試合時間　1時間38分

【美　里】		打	安	点	振	球
⑥	上　門	3	1	0	1	0
⑧	島袋雄	3	0	0	1	0
⑨1	川　端	3	0	0	1	0
③	池　宮	1	0	0	0	1
H	仲宗根	1	0	0	1	0
④	屋嘉比	3	1	0	1	0
②	伊　計	2	0	0	2	1
R	赤　嶺	0	0	0	0	0
⑦	玉那覇	2	0	0	1	0
H	池　原	1	0	0	0	0
①	中　村	1	0	0	1	1
9	島袋拓	0	0	0	0	0
H	大　城	1	1	1	0	0
⑤	中　根	3	0	0	0	0

犠盗残失併

0 0 5 1 0　24 3 1 9 3

【糸　満】		打	安	点	振	球
④	銘　苅	3	1	0	0	1
⑦	前　野	2	0	0	0	0
H7	山城裕	1	1	0	0	0
③	大城陸	3	1	3	0	0
②	大城勇	4	3	1	0	0
⑤	兼　城	3	1	0	0	0
H5	山城恵	0	0	0	0	1
⑧	石　川	3	1	1	0	0
H	村　上	1	0	1	0	0
9	神　田	0	0	0	0	0
⑨	川　満	2	0	0	0	1
H8	玉城大	1	0	0	0	0
①	金城龍	2	1	1	0	0
1	玉城宙	0	0	0	0	0
⑥	金城絢	2	2	1	0	1

犠盗残失併

3 0 7 1 0　27 11 8 0 4

投手	回	打	安	振	球	責
中　村	5 1/3	29	10	0	3	8
川　端	0 2/3	5	1	0	1	0
金城龍	6	21	1	8	2	0
玉城宙	1	6	2	1	1	1

6月24日
北谷球場

美　里	0	0	0	0	0	0	1	1
糸　満	0	2	0	0	2	5	×	9

（七回コールド）

沖尚 意地の集中打

大会初戦にもかかわらず約5千人のファンが詰めかけた注目カードは、四回に打者11人の猛攻で6得点、継投策もはまった沖縄尚学が、シード校の意地を見せた。沖縄水産のエース國吉吹は五回以降は無失点に抑える粘投で反撃を待ったが及ばなかった。

▽三塁打　奥原（尚）
▽二塁打　水谷（尚）上原一、上原大、國吉（水）
▽試合時間　2時間38分

5回の再登板以降は無失点に抑えた沖水のエース國吉吹

【沖　尚】		打	安	点	振	球
⑦	二　宮	4	1	0	2	1
7	深　川	0	0	0	0	0
⑧3	具志堅	5	1	2	1	0
⑤	磨	2	1	0	0	1
5	宜　保	1	0	0	1	0
H	仲　里	0	0	0	0	0
6	高　良	1	0	0	0	0
①8	知　念	5	3	2	0	0
④	水　谷	2	1	2	1	3
⑨	奥　原	5	1	1	0	0
③	普久原	2	0	0	1	1
1	新　垣	1	0	0	0	0
H	仲　村	0	0	0	0	1
1	元	0	0	0	0	0
②	池　間	4	0	1	0	0
⑥	下　地	2	2	0	0	2
	犠盗残失併 1 0 9 2 0	34	10	8	6	9

【沖　水】		打	安	点	振	球
⑥	上原大	4	1	0	0	1
⑧	平　安	5	1	0	0	0
③13	上原一	3	2	1	0	2
⑤	當　山	5	1	0	0	0
①31	國　吉	5	1	2	1	0
④	川　端	5	3	0	2	0
⑦	真栄城	4	0	0	2	0
7	三　木	0	0	0	0	0
⑨	宜　保	3	0	0	1	1
②	平　良	3	0	0	1	0
H	米　須	1	0	0	0	0
2	金　良	0	0	0	0	0
	犠盗残失併 0 0 11 0 0	38	9	3	7	4

投　手	回	打	安	振	球	責
知　念	4 2/3	24	8	2	0	0
新　垣	3 1/3	14	1	4	3	0
元	1	4	0	1	1	0
國　吉	3 0/3	15	4	2	2	4
上原一	1	9	3	0	4	4
國　吉	5	20	3	4	3	0

6月24日
コザしんきんスタジアム

	1	2	3	4	5	6	7	8	9	計
沖　尚	2	0	0	6	0	0	0	0	0	8
沖　水	0	0	1	0	3	0	0	0	0	4

宮古総 初の夏勝利

学校創立10年の宮古総実が堅守から攻撃のリズムをつくり夏の大会初勝利を飾った。前半は我慢の展開だったが、七回2死から8番友利汐夢の三塁打、9番砂川竜輝の適時二塁打で同点に、相手の敵失で逆転した。久米島は先制点を奪い、最終回も粘ったが及ばなかった。

▽三塁打　友利（宮）宇根（久）
▽二塁打　砂川竜（宮）
▽試合時間　1時間55分

8回表、ピンチを迎えマウンド上で苦笑いを見せる宇根聖也、内間陽太の久米島バッテリー。この後、後続を抑えた

【宮古総】		打	安	点	振	球
⑨	濱川義	4	2	0	0	1
⑥	粟　国	3	1	0	0	0
②	濱川真	3	1	1	0	2
①	仲宗根純	5	2	0	0	0
⑧	仲宗根俊	5	1	0	2	0
⑤	伊良部	4	1	0	0	0
③	与那覇	3	0	0	1	0
⑦	友　利	3	1	0	0	1
④	砂川竜	4	1	1	0	0
	犠盗残失併 3 0 11 2 0	34	10	2	3	4

【久米島】		打	安	点	振	球
⑧	田　里	4	1	0	1	0
③	山　里	3	0	0	1	0
④	金　城	4	0	0	2	0
①	宇　根	4	1	0	1	0
⑨	仲宗根	2	0	0	0	2
⑦	牧　志	2	0	0	0	0
7	﨑　村	0	0	0	0	0
H	我　謝	1	1	1	0	0
R	丸　山	0	0	0	0	0
⑤	多和田	4	0	0	0	0
②	内　間	3	2	1	0	0
⑥	宮	2	0	0	1	0
H	盛　本	1	0	0	0	0
6	熊　谷	0	0	0	0	0
	犠盗残失併 2 2 5 3 0	30	5	2	7	2

投　手	回	打	安	振	球	責
仲宗根純	9	34	5	7	2	1
宇　根	9	41	10	3	4	2

6月24日
アトムホームスタジアム宜野湾

	1	2	3	4	5	6	7	8	9	計
宮古総	0	0	0	0	0	0	2	0	1	3
久米島	0	0	0	0	1	0	0	0	1	2

石川 逆転サヨナラ勝ち

暴投の間にヘッドスライディングで三進するウェルネスのコンズ七斗（右）

石川の山田大悟が3年生の意地で逆転サヨナラ3点弾を放ち、全員1年生の相手を退けた。九回表、守備の乱れから逆転を許したが、その裏、無死一、二塁の好機を逃さなかった。日本ウェルネスの北村潤一監督は「体力面など課題が出てよかった」とナインを冷静に見守った。

▽本塁打　山田大（石）
▽三塁打　西村（ウ）
▽二塁打　土井、コンズ（ウ）
▽試合時間　2時間11分（中断50分）

【ウェルネス】		打	安	点	振	球
⑥	西　村	4	1	1	1	0
④9	高　吉	4	1	1	1	0
③	前　泊	4	1	0	2	0
②	コンズ	4	1	0	0	0
⑧	玉　城	3	1	0	1	1
⑤	土　井	3	1	0	0	1
⑨7	アントニー	4	1	1	1	0
⑦	西　川	1	0	0	0	0
7	照　屋	2	0	0	1	0
H4	中　川	1	0	0	1	0
①	比屋根	3	1	2	1	1

犠	盗	残	失	併	打	安	点	振	球
0	0	4	2	1	33	8	5	9	3

【石　川】		打	安	点	振	球
⑧	比　嘉	3	1	0	0	2
⑥	登川諒	4	4	0	0	0
④	山田大	4	3	4	0	1
⑤	永　山	2	0	1	0	1
①	伊波和	3	1	1	0	1
②	新　島	4	1	0	0	0
⑨	福　山	3	0	0	0	0
⑦	渡慶次	4	0	0	0	0
③	仲　程	4	1	0	0	0

犠	盗	残	失	併	打	安	点	振	球
3	3	9	0	1	31	11	6	0	5

投　手	回	打	安	振	球	責
比屋根	8 0/3	39	11	0	5	6
伊波和	9	36	8	9	3	5

6月30日
コザしんきんスタジアム

	1	2	3	4	5	6	7	8	9	計
ウェルネス	0	0	2	0	0	0	0	0	3	5
石　川	1	0	0	0	1	0	1	0	3X	6

読谷、投打かみ合う

投打がかみ合った読谷が、5月の練習試合で敗れている浦添工に7―0で八回コールド勝ちした。エース金良宗一郎は4度三塁まで進めながら、練習試合で温存していた変化球を主体に8回を無失点。浦添工は8安打を放つも9残塁、あと一本が出ず悔しい敗戦となった。

▽三塁打　川満、伊禮、砂辺（読）
▽二塁打　宮城飛（浦）
▽試合時間　2時間7分

3回表、二盗を阻止する浦添工の遊撃手・本部朝暉

【読　谷】		打	安	点	振	球
⑥	澤　岻	1	1	0	0	4
⑤	波　平	3	1	1	0	0
⑧	砂　辺	3	2	1	0	2
③	津　波	4	1	1	0	0
⑦	川　満	5	2	1	0	0
④	安　里	4	2	0	1	0
②	伊　禮	4	2	1	1	0
⑨	宮城幸	3	2	2	1	0
①	金　良	4	0	0	1	0

犠	盗	残	失	併	打	安	点	振	球
4	0	10	1	2	31	13	7	4	6

【浦添工】		打	安	点	振	球
⑥	本　部	3	0	0	0	1
④	松　田	3	0	0	1	0
②	上　原	4	1	0	1	0
⑦	吉　永	3	1	0	0	1
①	伊　藤	4	2	0	0	0
⑤	新　里	3	1	0	0	0
③	宮城飛	3	2	0	1	0
⑧	宮　里	3	0	0	0	0
⑨	島　袋	3	1	0	0	0

犠	盗	残	失	併	打	安	点	振	球
2	1	9	0	1	29	8	0	3	2

投　手	回	打	安	振	球	責
金　良	8	33	8	3	2	0
伊　藤	8	41	13	4	6	7

6月30日
コザしんきんスタジアム

	1	2	3	4	5	6	7	8	計
読　谷	0	0	2	0	0	1	2	2	7
浦添工	0	0	0	0	0	0	0	0	0

（八回コールド）

具志川一丸 接戦を制す

具志川は4−5の九回、眞喜志京太朗の中前打で追い付き、大城万斗維の右前打で勝ち越し。その裏、粘る北谷に1点差に迫られ2死満塁のピンチを、宮里大輝が得意のスライダーで中飛に打ち取りしのいだ。北谷は優位に試合を進めながら土壇場での悔しい敗戦。

▽三塁打　大城（北）
▽二塁打　玉城（具）金城（北）
▽試合時間　2時間31分（中断1時間35分）

7回裏北谷1死一、三塁、島袋太陽の左前打で生還する三走・金城太宝

【具志川】		打	安	点	振	球
⑥	大城慶	3	2	1	0	2
⑤	山城龍	3	1	0	0	0
H5	仲　間	0	0	0	0	0
④	眞喜志	5	2	1	1	0
③	山城祐	4	1	0	1	1
②	浦　添	5	2	0	0	0
⑨	島　袋	3	0	0	2	1
8	大城万	1	1	1	0	0
⑧9	仲村渠	2	1	1	0	1
⑦	玉　城	4	2	2	0	1
7	與那覇	0	0	0	0	0
①	宇　良	1	0	0	0	0
H	上江洲	0	0	0	0	1
1	當　山	0	0	0	0	0
1	宮　里	1	0	0	0	0
	犠盗残失併					
	5 2 10 2 1	32	12	6	4	7

【北　谷】		打	安	点	振	球
⑤	大　城	5	2	0	1	0
③	島　袋	3	1	1	0	2
⑧7	長　嶺	3	1	1	1	0
②	比　嘉	4	3	0	0	1
①8	松　田	4	3	1	0	1
⑨	喜友名	5	1	1	2	0
④	石　川	4	0	0	2	0
⑥	金　城	4	1	0	0	0
⑦	玉　城	1	0	0	1	0
1	東恩納	1	0	0	0	0
H	小橋川	1	0	0	1	0
1	與　儀	1	0	0	0	0
	犠盗残失併					
	2 0 9 0 2	36	12	4	8	4

投手	回	打	安	振	球	責
宇　良	5	19	4	4	1	2
當　山	1 1/3	10	5	3	1	3
宮　里	2 2/3	13	3	1	2	0
松　田	4	21	5	1	5	2
東恩納	3	12	2	3	2	2
與　儀	2	11	5	0	0	3

6月30日
北谷球場

	1	2	3	4	5	6	7	8	9	計
具志川	0	0	0	2	0	2	0	0	3	7
北　谷	1	0	0	1	0	1	2	0	1	6

豊見城、猛攻10人6得点

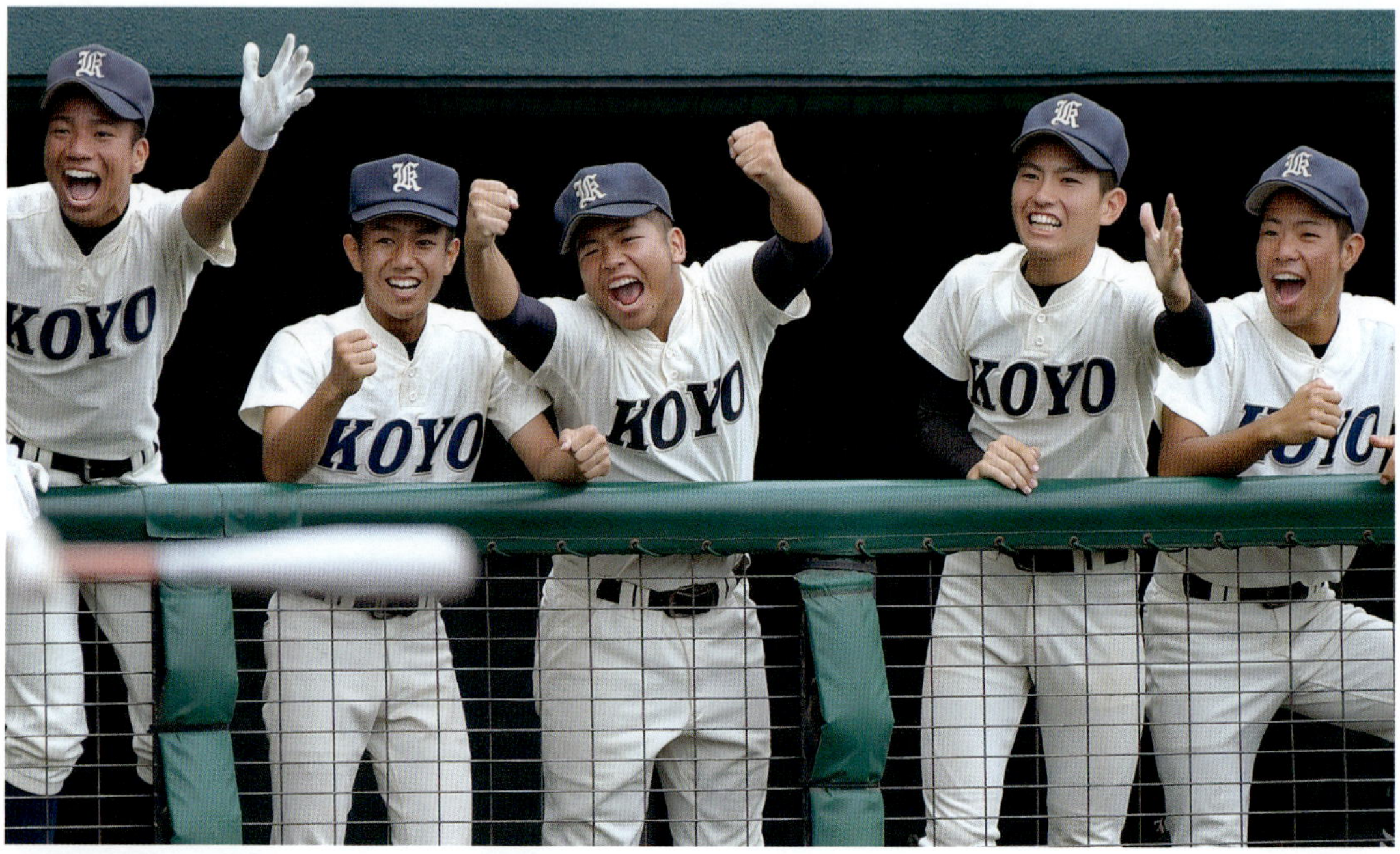

1回表向陽1死二塁、宮里裕貴の適時打で先制し、喜ぶナイン

台風の影響で開始が約2時間遅れた試合。豊見城は二回、5番宜保魁起の三塁打を皮切りに5安打、打者10人の猛攻で一挙6点を奪った。相手バッテリーの配球を読み、チームが目指す「つなぐ打線」を徹底した。向陽は二回以外は無得点に抑えただけに悔やまれるイニングとなった。

▽三塁打　宜保魁、仲田（豊）
▽試合時間　2時間17分

【向　陽】		打	安	点	振	球
⑤	渡　口	5	1	0	0	0
④	名嘉真	3	1	0	0	0
⑦	宮　里	4	2	0	0	0
⑧	松　田	2	0	0	0	2
③	鶴　田	2	0	0	2	0
1	安谷屋	0	0	0	0	0
H3	久　貝	2	1	0	0	0
R9	宇地原	0	0	0	0	0
⑨31	大城元	4	2	2	0	0
⑥	玉　城	4	0	0	1	0
②	新　垣	2	0	0	1	0
2	大城嘉	1	0	0	0	0
H	新　里	1	0	0	0	0
①	金　城	1	1	0	0	0
1	山　田	0	0	0	0	0
H93	佐久本	3	0	0	2	0
	犠盗残失併					
	1 0 7 0 0	34	8	2	6	2

【豊見城】		打	安	点	振	球
⑨	宜保達	4	2	1	0	1
⑥	神　谷	4	1	0	0	0
④	古波津	3	0	1	1	0
③	玉　城	4	2	2	2	0
⑦	宜保魁	4	1	0	1	0
②	當　山	2	0	0	1	2
⑤	佐久本	4	2	1	1	0
⑧	仲　本	3	0	0	1	0
①	仲　田	4	2	1	0	0
	犠盗残失併					
	3 1 8 1 0	32	10	6	7	3

投手	回	打	安	振	球	責
金　城	1 0/3	7	2	1	2	3
山　田	3	15	5	3	0	3
安谷屋	1	4	1	0	0	0
大城元	3	12	2	3	1	0
仲　田	9	37	8	6	2	2

6月30日
沖縄セルラースタジアム那覇

	1	2	3	4	5	6	7	8	9	計
向　陽	1	0	0	0	0	2	0	0	0	3
豊見城	0	6	0	0	0	0	0	0	×	6

北山快勝　完封リレー

自軍ベンチ前で那覇西の捕手・兼城拓海が邪飛を好捕

北山は金城洸汰と大城龍之介の完封リレーで那覇西打線を抑え、守り勝った。１３０キロ台後半の直球で好投していた金城が四回の打席で負傷。急きょ五回から登板した大城がカットボールで動かしながら九回まで被安打2、無四球にしのいだ。那覇西は11三振を喫し攻め手を欠いた。

▽三塁打　屋我（那）石川（北）▽二塁打　大城龍2、上間（北）▽試合時間　2時間31分

【那覇西】		打	安	点	振	球
⑥	大　嶺	3	0	0	0	1
⑧	上原正	4	0	0	2	0
⑦	渡慶次	4	1	0	0	0
②	兼　城	4	2	0	1	0
③	宜　保	3	0	0	1	0
⑤	屋　我	4	1	0	2	0
⑨	大城翔	4	1	0	1	0
④	當　間	1	0	0	1	0
H	上原拓	0	0	0	0	1
4	愛　甲	0	0	0	0	0
H	山　城	1	0	0	0	0
4	我如古	1	0	0	1	0
①	宮　城	2	0	0	2	0
1	大城拓	1	0	0	0	0
	犠盗残失併 1 0 8 4 0	32	5	0	11	2

【北　山】		打	安	点	振	球
⑦	金城竜	2	0	0	0	2
⑧	石　川	3	1	2	0	0
⑤	山　﨑	3	0	0	0	1
③	仲　村	4	0	0	1	0
①	金城洸	2	0	0	1	0
9	名　城	1	0	0	0	0
H	玉　城	1	1	0	0	0
R	大　城	0	0	0	0	0
9	玻名城	0	0	0	0	0
⑥	宮　里	4	1	0	0	0
⑨1	大城龍	3	2	1	0	1
②	上　間	3	1	1	1	0
④	島　袋	3	1	0	0	0
H	新　城	1	1	1	0	0
4	金城輝	0	0	0	0	0
	犠盗残失併 3 3 8 1 0	30	8	5	3	4

投手	回	打	安	振	球	責
宮　城	5 2/3	28	5	3	4	2
大城拓	2 1/3	9	3	0	0	1
金城洸	4	18	3	6	2	0
大城龍	5	17	2	5	0	0

6月30日
コザしんきんスタジアム

那覇西	0	0	0	0	0	0	0	0	0	0
北　山	0	0	1	0	1	2	0	1	×	5

興南が零封リレー

2回裏、2盗を狙う一走をベース前でタッチアウトにする豊見城南の宮城昂大

興南の左腕・宮城大弥が１４０キロ前後の速球を連発。八回2死まで投げて被安打5、8奪三振と抑えチームの零封リレーに貢献した。走者を許しても一塁けん制で三つのアウトを奪い、自らピンチの芽を摘んだ。豊見城南は継投で何とかしのいで反撃を待ったが及ばなかった。

▽三塁打　宮城（豊）大山（興）▽二塁打　根路銘、宮城（興）▽試合時間　2時間2分

【豊見南】		打	安	点	振	球
⑦	金城涼	4	2	0	0	0
⑧	嶺　井	4	1	0	1	0
R	松　堂	0	0	0	0	0
⑥1	宮　城	4	2	0	1	0
⑨	島　袋	4	1	0	0	0
③1313	野　原	3	0	0	1	1
⑤	松　本	2	0	0	2	0
H5	金城雄	1	0	0	1	0
H	西　村	1	0	0	1	0
②	中　野	3	1	0	0	0
①	赤　嶺	1	1	0	0	0
131	大　城	0	0	0	0	0
3	嵩　原	1	0	0	0	0
4	甲　斐	0	0	0	0	0
④6	金城麟	3	0	0	3	0
	犠盗残失併 1 0 6 0 1	31	8	0	10	1

【興　南】		打	安	点	振	球
④	根路銘	4	2	2	0	0
③	仲　村	3	0	1	0	0
⑥	勝　連	3	0	0	1	1
⑨	塚　本	4	2	1	2	0
⑦	比嘉龍	2	0	0	0	1
1	當　山	1	0	0	0	0
1	藤　木	0	0	0	0	0
①7	宮　城	3	1	0	0	0
②	遠　矢	2	1	0	0	0
⑧	里	2	1	0	0	1
⑤	大　山	3	1	0	0	0
	犠盗残失併 2 1 4 0 0	27	8	4	3	3

投手	回	打	安	振	球	責
赤　嶺	3	12	4	0	1	2
大　城	1 2/3	6	1	1	1	0
野　原	1/3	1	0	0	0	0
大　城	1	4	1	0	0	0
野　原	1	6	2	0	1	2
宮　城	1	3	0	2	0	0
宮　城	7 2/3	26	5	8	1	0
當　山	1/3	3	2	1	0	0
藤　木	1	4	1	1	0	0

6月30日
沖縄セルラースタジアム那覇

豊見南	0	0	0	0	0	0	0	0	0	0
興　南	1	0	1	0	0	0	0	2	×	4

宜野湾、投打に隙なし

２回表南風原２死二塁、池間銀隆の左前打で生還する仲本恵大

宜野湾は長短10安打で7得点と効率良く加点し、南風原を下した。エース國仲祐太は二回に先制を許したものの、三回以降は被安打1と好投。七回から登板した小嶺壮正も3安打無失点に抑え、投打に隙がなかった。

南風原は先制点を挙げたものの、その後が続かなかった。

▽二塁打　福里（南）安里、與座（宜）
▽試合時間　2時間5分

6月30日
北谷球場

	1	2	3	4	5	6	7	8	9	計
南風原	0	1	0	0	0	0	0	0	0	1
宜野湾	0	0	1	3	0	3	0	0	×	7

【南風原】		打	安	点	振	球
⑥	島　川	4	1	0	2	0
5	嶺　井	0	0	0	0	0
⑦	島　袋	3	1	0	0	0
②	當　銘	4	0	0	0	0
⑧	仲　本	2	1	0	0	2
⑨	與那嶺	1	0	0	0	0
9	親　川	1	0	0	0	0
④1	城　間	4	0	0	1	0
⑤6	池　間	3	2	1	0	0
③	福　里	3	1	0	2	0
①4	金　城	3	1	0	0	0
4	蔵　下	0	0	0	0	0
犠盗残失併	3 0 5 4 1	28	7	1	5	2

【宜野湾】		打	安	点	振	球
⑥	西　平	4	1	1	0	0
④	佐久原	4	0	0	1	0
⑦	安　里	4	1	0	1	0
①2	國　仲	4	1	0	1	0
③	眞喜志	4	3	0	0	0
⑧	富名腰	2	0	0	0	1
②	東　江	2	1	2	0	1
1	小　嶺	1	0	0	0	0
⑤	與　座	3	2	2	1	0
⑨	東	3	1	2	2	0
犠盗残失併	2 0 4 0 2	31	10	7	6	2

投手	回	打	安	振	球	責
金　城	5 1/3	27	10	4	2	6
城　間	2 2/3	8	0	2	0	0
國　仲	6	22	4	3	1	1
小　嶺	3	11	3	2	1	0

那覇国 13安打大勝

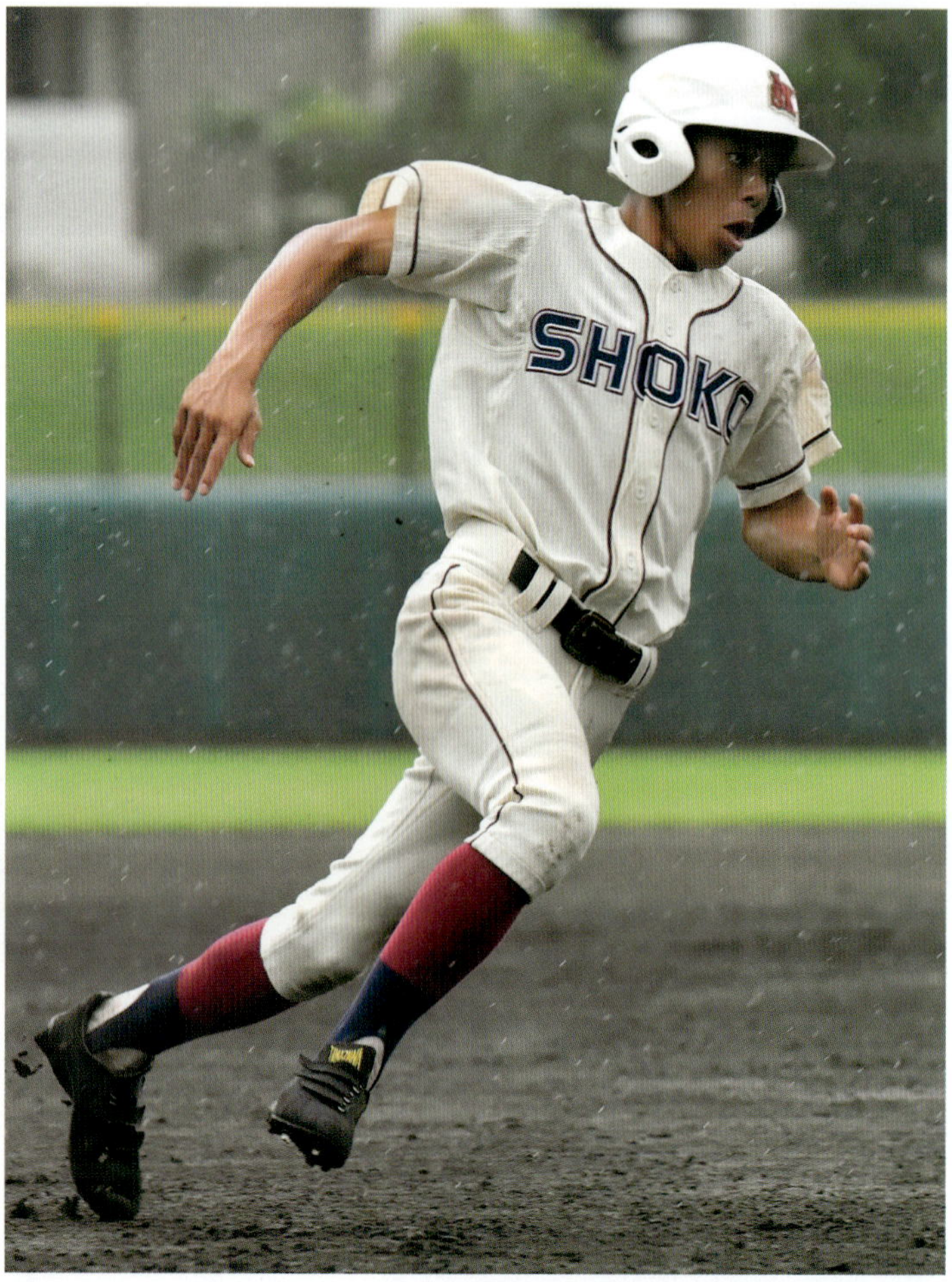

六回裏、石川裕麻の安打で三塁に進んだ名商工二走の比嘉浩介

打線活発な那覇国際が13安打を放ち、8―1で名護商工に七回コールド勝ち。冬場に重点的に取り組んできた打撃力で、昨秋の新チーム発足から初の公式戦での勝利をつかんだ。名護商工は7四死球と球を見極めたものの好機に安打が出なかった。

▽三塁打　大濵（那）
▽二塁打　寺平2、崎浜（那）
▽試合時間　2時間14分

7月3日
コザしんきんスタジアム

	1	2	3	4	5	6	7	計
那覇国	3	0	1	0	4	0	0	8
名商工	0	0	0	0	0	1	0	1

（七回コールド）

【那覇国】		打	安	点	振	球
④	尾　辻	4	3	1	1	1
⑤	島　袋	5	2	0	0	0
⑧	寺　平	4	3	1	0	1
⑦3	大　濵	4	1	2	0	1
②	中　里	3	0	0	1	1
⑨	照　屋	3	2	1	1	0
9	小　川	1	0	0	0	0
⑥	長　間	2	1	1	0	2
③	外　間	3	0	0	1	0
7	石　嶺	1	0	0	0	0
①	崎　浜	3	1	2	1	0
1	新　垣	1	0	0	0	0
犠盗残失併	0 0 11 0 2	34	13	8	5	6

【名商工】		打	安	点	振	球
④	上　原	3	0	0	0	1
③	伊　藝	3	0	0	1	1
⑧1	仲　田	1	0	0	0	2
②	仲　間	2	0	0	0	1
⑥	比嘉七	3	1	0	1	0
①	仲　尾	1	0	0	0	0
1	西	0	0	0	0	0
H9	宜志富	2	0	0	0	0
⑦	我那覇	3	1	0	0	0
⑤	比嘉浩	1	0	0	0	2
⑨8	石　川	3	1	0	1	0
犠盗残失併	0 0 7 0 0	22	3	0	3	7

投手	回	打	安	振	球	責
崎　浜	5 2/3	21	2	2	4	1
新　垣	1 1/3	8	1	1	3	0
仲　尾	2 1/3	14	5	2	2	4
西	2 2/3	17	6	2	3	4
仲　田	2	9	2	1	1	0

与勝 つないで11点

【沖カト】		打	安	点	振	球
④	富　永	2	0	0	0	0
8	宮　城	1	0	0	0	0
⑥	久　松	4	1	0	0	0
①9	金城来	4	0	0	1	0
③	普天間	3	2	0	0	1
⑧57	宮良	3	1	1	0	1
⑨1	富　盛	4	2	2	0	0
②	崎　浜	3	0	0	1	0
⑦	新　垣	3	0	0	0	0
4	仲　程	0	0	0	0	0
④5	金城朱	2	0	0	0	1
	犠盗残失併 1 0 5 4 0	29	6	3	2	3

【与　勝】		打	安	点	振	球
⑧	森　田	4	1	0	2	1
④	松　崎	3	1	0	1	2
⑥	吉　浜	3	2	2	0	1
②	名嘉村	4	2	3	0	1
③	大　城	2	1	1	0	0
⑦	大石根	3	1	2	1	0
⑤	花　城	2	1	1	0	1
①	大　山	3	0	0	1	1
⑨	嘉　陽	3	0	0	3	0
H	比嘉康	1	0	0	0	0
	犠盗残失併 5 2 7 2 0	28	11	9	8	7

投手	回	打	安	振	球	責
金城来	4 1/3	23	6	5	5	5
富　盛	3	17	3	3	2	0
大　山	8	33	6	2	3	4

二回、飛び出した走者をタッチアウトにする沖縄カトリックの富永勇人

与勝は八回、敵失や四球も絡めて1安打で3得点し、コールドで白星発進した。長打4本に加え、スクイズも3度成功。四回を除き、六回まで毎回得点で圧倒した。沖縄カトリックは最後の反撃で意地を見せたが、失策がらみの失点が多かったのが悔やまれる。

▽三塁打　普天間（沖）大城、大石根（与）
▽二塁打　宮良、富盛（沖）吉浜、名嘉村（与）
▽試合時間　2時間27分

7月3日
北谷球場

	1	2	3	4	5	6	7	8	計
沖カト	0	0	0	1	0	1	0	2	4
与　勝	2	1	2	0	2	1	0	3X	11

（八回コールド）

首里 7回一挙4点

【首　里】		打	安	点	振	球
⑥	真玉橋	6	1	0	1	0
⑨	津波古	2	0	0	0	1
H	下　茂	0	0	0	0	1
R	益　山	0	0	0	0	0
4	神　谷	0	0	0	0	0
⑤	島　袋	3	2	1	1	2
②	金城恒	5	1	1	2	0
⑧	照　屋	3	2	0	0	2
③	金城幸	4	0	0	2	0
①7	比　嘉	5	2	1	0	0
⑦	田　名	3	1	0	0	0
1	赤　嶺	1	0	0	0	0
1	金城恭	0	0	0	0	1
④	仲　里	1	0	0	0	0
H9	柴　田	2	1	0	0	1
	犠盗残失併 3 1 14 0 0	35	10	3	6	8

【浦　添】		打	安	点	振	球
⑥	眞栄里	5	2	1	0	0
④	城　間	4	1	0	2	0
⑨	名嘉周	5	0	0	2	0
②	黒島永	3	1	1	0	1
③	米　須	2	0	0	0	1
H	熱　田	1	0	0	1	0
3	砂　川	0	0	0	0	0
⑤	大　湾	4	2	0	2	0
①	東	3	1	0	0	0
1	長浜翔	0	0	0	0	0
⑦	長浜勇	4	3	1	0	0
R7	宮　城	0	0	0	0	0
⑧	黒島滉	3	0	0	1	0
	犠盗残失併 3 3 8 2 0	34	10	3	8	2

投手	回	打	安	振	球	責
比　嘉	5 1/3	25	8	4	1	4
赤　嶺	1 1/3	6	1	0	1	0
金城恭	2 1/3	8	1	4	0	0
東	8 0/3	41	10	6	6	3
長浜翔	1	5	0	0	2	0

6回裏浦添無死、黒島永裕が左越え本塁打を放つ

古豪・首里は1―4とされた直後の七回、好機に適時打2本に敵失を絡めて一挙4点を奪って逆転に成功。投手陣が1点差を守り切り、浦添を振り切った。浦添の先発・東凌矢は、緩急で六回まで1失点に抑えたが、雨でぬかるんだマウンドや疲れからかつかまってしまった。

▽本塁打　黒島永（浦）
▽二塁打　島袋（首）眞栄里（浦）
▽試合時間　2時間48分

7月3日
沖縄セルラースタジアム那覇

	1	2	3	4	5	6	7	8	9	計
首　里	0	1	0	0	0	0	4	0	0	5
浦　添	0	0	1	1	0	2	0	0	0	4

開邦、延長戦制す

3回表、それた送球をジャンプして捕球する北部農の一塁手・島袋朝也

開邦は3―3の同点で迎えた延長十回表、それまで無安打だった4番上門伸徳の勝ち越し二塁打で接戦をものにした。先発の新城世紀斗も直球で攻め、12奪三振と健闘した。北部農林は同点に追い付いた七回に逆転のチャンスを逃し、九回も二塁まで進めたが、あと一本が出なかった。

▽二塁打　田島、上門（開）宮城、岸本（北）

▽試合時間　2時間47分

【開　邦】		打	安	点	振	球
⑧	宮　城	4	2	0	1	0
③	仲　田	3	0	0	0	0
⑤	大　城	4	1	1	0	0
⑥	上　門	4	1	2	2	1
①	新　城	3	1	0	0	2
⑨	田　島	3	1	0	0	0
④	大宜見	4	1	1	1	0
②	金　城	4	0	0	1	0
⑦	富　盛	4	1	0	0	0
	犠盗残失併					
	5 0 6 3 0	33	8	4	5	3

【北部農】		打	安	点	振	球
⑧	岸　本	5	4	0	0	0
⑥5	大　城	2	1	2	0	1
③	島袋朝	3	0	0	0	0
6	大　湾	1	0	0	1	0
⑤3	稲　嶺	5	0	0	2	0
②	玉　城	3	1	0	0	2
①	金　城	3	0	0	2	0
⑦	福　井	4	0	0	3	0
⑨	新　里	4	0	0	3	0
④	宮　城	4	2	0	1	0
	犠盗残失併					
	5 2 9 3 0	34	8	2	12	3

投　手	回	打	安	振	球	責
新　城	10	42	8	12	3	2
金　城	10	41	8	5	3	2

7月5日
北谷球場

開　邦	0	0	1	1	1	0	0	0	0	2	5
北部農	0	0	0	0	2	0	1	0	0	0	3

（延長十回）

陽明16得点大勝

3回、ピンチの場面でマウンドに集まる辺土名ナイン

14安打を放った陽明が辺土名を16―0の五回コールドで制した。果敢に次の塁を攻め、城間啓輔主将は「つなぐ打撃を意識した」と胸を張る。エース新里将太は打者1人の出塁も許さない〝完全試合〟を達成。コースの内外に投げ分けて12三振を奪った。辺土名は投打に圧倒され悔しい敗戦に。

▽三塁打　親泊（陽）

▽二塁打　城間、新垣（陽）

▽試合時間　1時間20分

【辺土名】		打	安	点	振	球
①	知　花	2	0	0	2	0
⑥	上　地	2	0	0	2	0
⑤	前　田	2	0	0	1	0
⑧	大城雷	2	0	0	1	0
③	宮　城	2	0	0	1	0
⑦	金城尚	2	0	0	2	0
②	金城照	1	0	0	1	0
④	大城満	1	0	0	1	0
⑨	伊　波	1	0	0	1	0
	犠盗残失併					
	0 0 0 2 0	15	0	0	12	0

【陽　明】		打	安	点	振	球
⑨	親　泊	2	1	2	1	1
H	松　村	1	0	0	0	0
9	中　島	0	0	0	0	0
⑧	新　垣	2	2	2	0	0
8	東　江	0	0	0	0	1
②	城　間	2	1	1	0	1
①	新　里	2	1	1	0	2
⑥	国　吉	3	2	0	0	1
⑤	比　嘉	1	0	1	0	1
H5	長　渡	0	0	0	0	1
H	伊　波	1	1	1	0	0
5	眞栄里	0	0	0	0	0
③	平良栄	2	2	3	0	0
3	末　吉	0	0	0	0	0
⑦	平良周	4	2	4	1	0
7	宮　城	0	0	0	0	0
④	山　城	3	2	1	1	0
4	宇　良	0	0	0	0	0
	犠盗残失併					
	4 1 7 0 0	23	14	16	3	8

投　手	回	打	安	振	球	責
知　花	4	35	14	3	8	9
新　里	5	15	0	12	0	0

7月5日
コザしんきんスタジアム

辺土名	0	0	0	0	0	0
陽　明	5	7	2	2	×	16

（五回コールド）

嘉手納が打ち勝つ

2回表、知念の山城裕飛が右越え2点本塁打を放つ

計21安打の乱打戦は9安打の嘉手納が相手失策に乗じて点を重ね、粘る知念を退けた。2年の親泊泰誠は公式戦初登板。三回以降は立ち直りエース仲地礼亜につないだ。知念は序盤戦で1度は逆転し、突き放されても六回に山城裕飛がこの日2本目の2ランを放って2点差まで迫った。

▽本塁打　山城2（知）
▽三塁打　親泊（嘉）
▽二塁打　糸数、知念（知）仲宗根（嘉）
▽試合時間　2時間45分

【知　念】		打	安	点	振	球
⑨	糸　数	5	2	2	1	0
⑥	山　城	4	3	4	1	1
③	當　山	3	1	0	0	1
④	宮　城	5	2	0	0	0
⑦	新垣大	3	1	0	0	2
②	新垣雄	4	0	0	2	0
⑧	知　念	5	2	0	0	0
①	呉　屋	2	0	0	1	0
H	大城光	1	0	0	0	0
1	石　原	0	0	0	0	0
⑤	津　波	1	0	0	0	1
H	金城航	1	1	0	0	0
R	大城丈	0	0	0	0	0
5	久　志	1	0	0	1	0
	犠盗残失併					
	3 3 10 3 2	35	12	6	6	5

【嘉手納】		打	安	点	振	球
⑨	木　下	3	1	0	0	2
9	古　謝	0	0	0	0	0
⑦	中　村	3	0	0	1	0
H7	伊　禮	2	0	0	0	0
④	又　吉	2	1	0	0	3
⑧	仲宗根	2	1	1	0	1
1	仲　地	1	0	0	1	0
③	平	4	2	1	1	0
①8	親　泊	3	2	3	1	1
⑤	大　城	3	0	0	2	1
②	小橋川	2	1	0	0	0
2	上　地	2	0	0	0	0
⑥	安　里	4	1	0	1	0
	犠盗残失併					
	0 2 7 0 0	31	9	5	7	8

投　手	回	打	安	振	球	責
呉　屋	6	32	9	7	5	5
石　原	2	7	0	0	3	0
親　泊	4	22	9	2	2	4
仲　地	5	21	3	4	3	2

7月5日
沖縄セルラースタジアム那覇

	1	2	3	4	5	6	7	8	9	計
知　念	0	4	0	0	0	2	0	0	0	6
嘉手納	3	0	2	3	0	0	0	0	×	8

首里東　1点守り切る

4回表、浅い飛球を好捕する
浦添商の右翼手・上間拓斗

首里東が息詰まる投手戦を制した。エース新垣優人は緩急を武器に、狙い球を絞らせない配球で浦添商を被安打3に抑えた。172球の熱投で、初回に先制した虎の子の1点を守り切った。浦添商は先発の黒木優斗が最後まで投げ切り被安打3、8奪三振と奮闘した。

▽二塁打　根間、砂川（首）城間拓（浦）
▽試合時間　2時間18分

【首里東】		打	安	点	振	球
⑧	砂　川	3	1	0	1	1
④	新垣俊	4	1	0	2	0
⑤	天　久	3	0	0	0	0
②	根　間	3	1	1	0	1
⑥	石　川	4	0	0	1	0
①	新垣優	3	0	0	1	0
③	玉　城	3	0	0	0	0
⑦	山　城	3	0	0	3	0
⑨	松　田	2	0	0	0	1
	犠盗残失併					
	1 0 4 1 0	28	3	1	8	3

【浦添商】		打	安	点	振	球
⑤	比　嘉	3	0	0	0	2
④	玉　寄	3	1	0	0	2
⑦	上之神	4	0	0	0	0
⑨	上　間	3	0	0	0	1
③	前　原	4	0	0	0	0
⑥	中　村	4	0	0	0	0
②	又　吉	2	1	0	0	2
R	城間維	0	0	0	0	0
①	黒　木	3	0	0	1	1
⑧	城間拓	4	1	0	1	0
	犠盗残失併					
	0 0 11 0 1	30	3	0	2	8

投　手	回	打	安	振	球	責
新垣優	9	38	3	2	8	0
黒　木	9	32	3	8	3	1

7月6日
沖縄セルラースタジアム那覇

	1	2	3	4	5	6	7	8	9	計
首里東	1	0	0	0	0	0	0	0	0	1
浦添商	0	0	0	0	0	0	0	0	0	0

那覇12得点で快勝

初戦敗退に肩を落とす名護の選手たち

那覇は初回から制球の定まらない相手投手を攻め立てて9安打を放ち、五回コールドで名護を下した。リードオフマンの垣花元太がシャープな振りで4安打と大活躍。投げては先発の左腕の瀬長勇太朗が4回を投げて無安打に抑えた。名護は五回1死から安里尚が初安打を放つも後続が続かず。

▽三塁打　瀬長（那）
▽二塁打　新垣、垣花、新城（那）
▽試合時間　1時間45分

7月6日
北谷球場
（五回コールド）

名　護	0	0	0	0	0	0
那　覇	6	2	0	4	×	12

【名　護】	打	安	点	振	球
⑧　宮　城	2	0	0	1	0
⑤4川　上	2	0	0	0	0
①9吉　元	1	0	0	1	1
③　宇　根	1	0	0	0	1
②　新　田	2	0	0	1	0
⑨　石　川	0	0	0	0	0
1　大城亮	1	0	0	0	0
1　谷　口	0	0	0	0	0
1　嘉　陽	0	0	0	0	0
H　金　城	1	0	0	0	0
⑦　安　里	2	1	0	0	0
R　下　地	0	0	0	0	0
④5岸　本	1	0	0	0	0
H　豊　島	1	0	0	0	0
⑥　玉　城	1	0	0	1	0
H　伊野波	1	0	0	0	0
犠盗残失併 0 0 3 1 1	16	1	0	4	2

【那　覇】	打	安	点	振	球
⑥　垣　花	4	4	3	0	0
④　新　城	2	1	1	0	1
4　高　良	0	0	0	0	0
⑦　比　嘉	2	0	0	1	1
H　友　寄	1	0	0	0	0
1 9仲　嶺	0	0	0	0	0
③　津波古	3	1	0	0	0
H　中　村	1	0	0	0	0
3　金　城	0	0	0	0	0
⑧　松　川	1	0	1	0	2
8　外　間	0	0	0	0	0
⑨　喜屋武	0	0	1	0	1
1　上　地	0	0	0	0	0
⑤　新　垣	2	1	1	1	1
5　玉　城	0	0	0	0	0
①7瀬　長	1	1	2	0	2
②　根　波	2	1	3	1	1
犠盗残失併 3 0 7 0 0	19	9	12	3	9

投　手	回	打	安	振	球	責
吉　元	2/3	9	2	1	5	6
大城亮	1	8	3	1	1	0
谷　口	1 1/3	10	2	1	3	4
嘉　陽	2/3	4	2	0	0	0
瀬　長	4	14	0	4	2	0
仲　嶺	2/3	3	1	0	0	0
上　地	1/3	1	0	0	0	0

中部商、シード破る

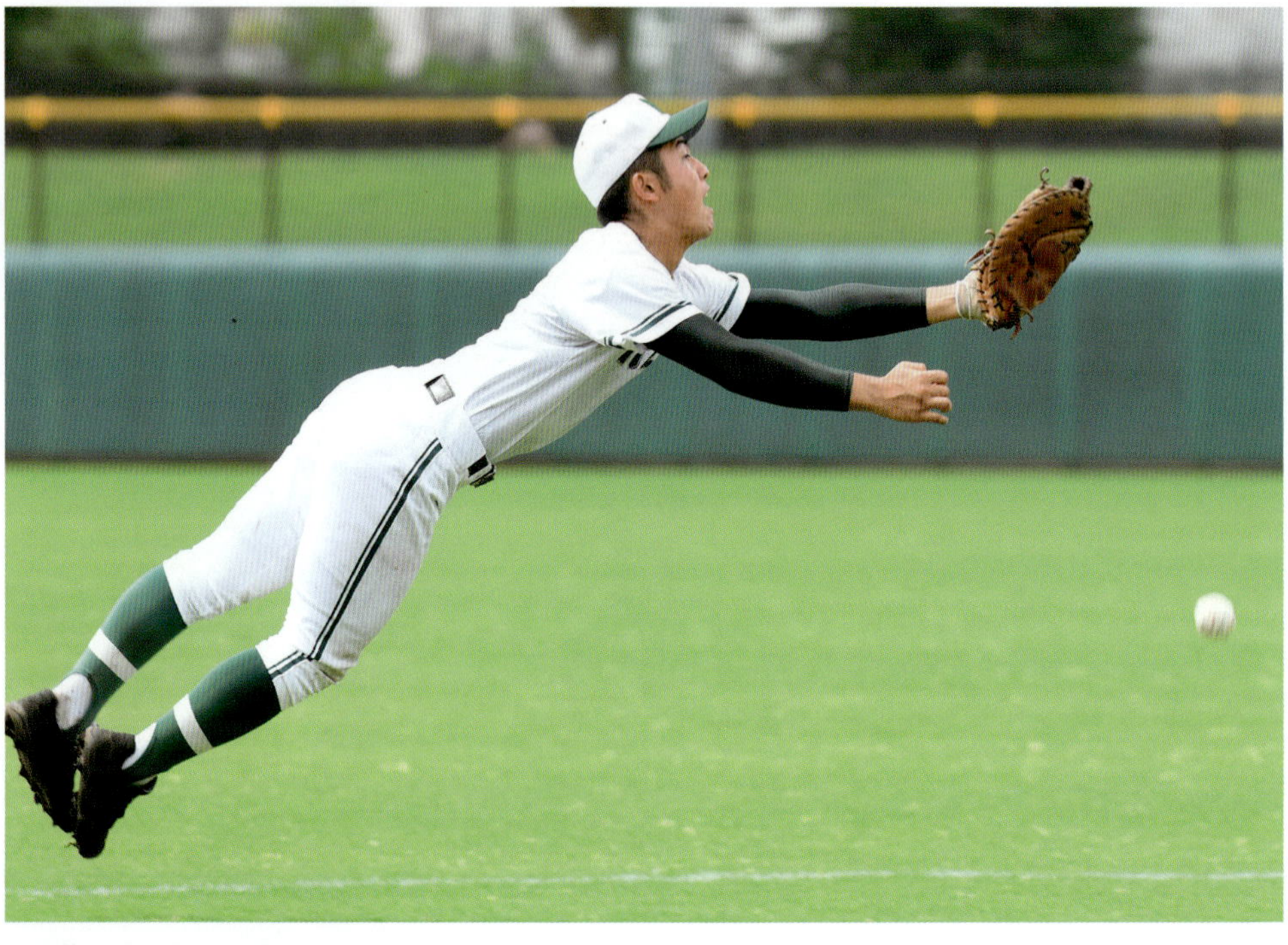

8回裏中商無死、知念侑輝の飛球に飛びつくコザの一塁手・中村壮

2年連続で初戦敗退だった中部商は0―0の四回、先頭の與古田行弥が死球で出塁。2死後、町田優気の内野安打に敵失も重なって1点を先制した。先発の山城郁也ら3投手の継投でコザを6安打無失点に抑え、1―0で競り勝った。コザは得点圏に走者を進めながらあと1本が出なかった。

▽二塁打　知念（中）
▽試合時間　1時間57分

7月6日
コザしんきんスタジアム

コ　ザ	0	0	0	0	0	0	0	0	0	0
中部商	0	0	0	1	0	0	0	0	×	1

【コ　ザ】	打	安	点	振	球
⑦　田　中	2	2	0	0	1
⑥　大城大	3	0	0	1	0
⑨8大城周	4	1	0	1	0
⑤　屋　我	2	0	0	0	0
H　宮　城	1	0	0	0	0
③　中　村	4	1	0	0	0
R　我　謝	0	0	0	0	0
④　平　田	4	0	0	0	0
②　比　嘉	4	1	0	0	0
⑧　池　原	2	0	0	1	0
H9新　城	1	0	0	1	0
①　又　吉	2	0	0	1	0
1　護得久	1	1	0	0	0
犠盗残失併 3 0 7 1 1	30	6	0	5	1

【中部商】	打	安	点	振	球
⑧　知　念	4	2	0	0	0
④　仲　田	3	1	0	1	0
⑤　小　濱	4	0	0	0	0
⑥　與古田	2	0	0	0	1
⑦　安　里	2	0	0	1	1
②　前　田	1	0	0	0	0
③　町　田	2	1	0	0	0
R　仲　泊	0	0	0	0	0
3　石　川	1	0	0	0	0
①　山　城	2	1	0	1	0
1　時　田	0	0	0	0	0
H　池　間	1	0	0	1	0
1　中　濱	0	0	0	0	0
⑨　與那嶺	3	0	0	0	0
犠盗残失併 3 0 5 0 0	25	5	0	4	2

投　手	回	打	安	振	球	責
又　吉	4 1/3	19	5	2	2	0
護得久	3 2/3	11	0	2	0	0
山　城	5	18	3	3	0	0
時　田	2	8	1	1	1	0
中　濱	2	8	2	1	0	0

中部農 夏10年ぶり勝利

敵と味方両方から冷却スプレーをかけられる昭薬付の捕手・太田大隆

今大会から農林高らしく緑色を基調にした新ユニホームで挑んだ中部農林が競り勝った。初回、親川太陽の適時打などで2点を先制。投げてはエース竿山拳史朗からマウンドを継いだ照屋守護が好投した。昭和薬科大付は九回に2点を奪い1点差まで詰め寄ったが及ばなかった。

▽二塁打 大城霧、照屋（中）太田（昭）
▽試合時間 2時間7分

7月6日
北谷球場

中部農	2	0	0	0	0	2	1	0	0	5
昭薬付	0	0	0	0	0	2	0	0	2	4

【中部農】		打	安	点	振	球
⑤	金城龍	4	1	0	0	1
⑥	大城朝	4	1	0	1	1
②	新　里	4	2	1	0	0
⑦3	玉　城	4	0	0	1	1
③	石　川	2	1	0	1	1
1	照　屋	2	1	1	0	0
⑨	親　川	2	1	1	0	1
④	金城雄	3	1	0	1	1
①7	竿　山	4	0	0	1	0
7	具志堅	0	0	0	0	0
⑧	大城霧	4	1	2	1	0
犠盗残失併	2 2 9 1 0	33	9	5	6	6

【昭薬付】		打	安	点	振	球
③1	國　吉	4	1	0	1	0
②4	下　地	3	0	0	0	1
④5	古　堅	4	1	0	2	0
⑤2	太　田	3	1	1	0	1
⑦	新　城	4	0	1	0	0
①3	仲　田	4	1	0	0	0
⑧	川　満	3	1	0	0	0
H	玉　城	1	1	1	0	0
⑨	上地完	4	0	1	1	0
⑥	潮　平	4	0	0	0	0
犠盗残失併	0 0 5 1 1	34	6	4	4	2

投手	回	打	安	振	球	責
竿　山	5 2/3	22	3	3	2	1
照　屋	3 1/3	14	3	1	0	2
仲　田	7	34	8	4	6	3
國　吉	2	7	1	2	0	0

球陽先制 逃げ切る

7回表、投手からのけん制で塁へ戻る南部商の一走・西田将大

球陽は先行逃げ切りの勝ちパターンで接戦を制した。11年ぶりの夏勝利に続き2勝目を挙げた。捕手の松田悠が攻守で貢献した。扇の要として3人の継投を主導。六回に二塁打を放ち、ダメ押し点を挙げた。南部商は八回に1点を返したものの、12三振を奪われ反撃が遅かった。

▽二塁打 大城優（南）山内、松田（球）
▽試合時間 2時間13分

7月6日
沖縄セルラースタジアム那覇

南部商	0	0	0	0	0	0	0	1	0	1
球　陽	1	0	0	0	1	1	0	0	×	3

【南部商】		打	安	点	振	球
⑨	花　城	4	0	0	2	1
⑤	名嘉山	5	0	0	1	0
①	大城優	4	2	0	0	0
⑥	城　間	4	1	0	0	0
②	新　垣	3	0	0	2	1
⑧	大城宏	1	0	0	0	2
⑦	川　上	4	1	1	2	0
③	西　田	3	0	0	3	1
④	比　嘉	2	0	0	1	1
H	原	1	0	0	1	0
犠盗残失併	1 1 10 0 1	31	4	1	12	6

【球　陽】		打	安	点	振	球
⑧	仲　本	1	0	0	0	2
④	平	4	1	0	3	0
①7	山　内	3	1	1	0	1
③	友　利	2	0	0	0	0
H	山　口	0	0	0	0	1
3	仲　村	0	0	0	0	1
⑥	神　谷	4	2	0	0	0
⑨	城　間	4	1	0	1	0
⑦	前　原	2	0	0	2	0
1	島袋艇	0	0	0	0	0
H1	安座間	1	0	0	1	0
②	松　田	4	2	1	0	0
⑤	島袋銀	3	1	0	1	1
犠盗残失併	3 3 1 0 0	28	8	2	8	6

投手	回	打	安	振	球	責
大城優	8	37	8	8	6	2
山　内	6 1/3	27	2	9	5	0
島袋艇	2/3	2	0	0	0	0
安座間	2	9	2	3	1	0

球陽 11年ぶり夏1勝

１回表、沖高専は中堅手・大城武斗から好返球を受けた捕手・當間亮耀が二走の本塁突入を阻止

先制した球陽が3投手の継投で11年ぶりの夏の勝利をもぎ取った。二回無死から神谷一心の二塁打を足掛かりに3得点。四回には二塁打で出た松田悠を手堅く返して1点を加えた。沖高専は上原達也が五回以降立ち直り、完投も惜敗。

▽二塁打　神谷、松田、城間、糸数（球）銘苅、奥濱（沖）
▽試合時間　2時間29分

【球陽】		打	安	点	振	球
⑧	仲本	1	0	1	0	0
8	糸数	2	2	1	0	0
④	平	1	0	0	1	3
①7	山内	5	1	0	0	0
③	友利	5	1	0	1	0
⑥	神谷	3	1	0	1	2
⑨	城間	3	1	0	0	1
⑦	前原	3	1	1	0	0
1	島袋艇	0	0	0	0	0
1	安座間	1	0	0	0	1
②	松田	4	1	0	0	1
⑤	島袋銀	2	1	1	0	1
	犠盗残失併					
	5 1 13 1 1	30	9	4	3	9

【沖高専】		打	安	点	振	球
⑧	大城	3	0	0	2	2
④	比嘉	4	1	0	2	1
①	上原達	4	0	0	0	1
⑤	銘苅	4	1	1	0	0
②	當間	3	2	0	1	1
⑨	船附	3	1	0	0	0
③	仲間	4	1	0	1	0
⑦	高江洲	4	1	1	1	0
⑥	奥濱	4	1	0	1	0
	犠盗残失併					
	1 1 9 1 1	33	8	2	8	5

投手	回	打	安	振	球	責
山内	4 2/3	20	3	5	3	1
島袋艇	1/3	2	0	0	1	0
安座間	4	17	5	3	1	1
上原達	9	44	9	3	9	4

6月23日
コザしんきんスタジアム

球陽	0	3	0	1	0	0	0	0	0	4
沖高専	0	0	0	2	0	1	0	0	0	3

開会式　過去最多の65校が参加

開会式での入場行進＝6月23日、コザしんきんスタジアム

開会式で伴奏を務めたコザ高校吹奏楽部

開会式で選手宣誓する北部農林の岸本宗太主将

始球式では安仁屋さんと石嶺さんが〝対決〞

捕手の予定が急きょ打席に立った石嶺和彦さん（右）。
左は捕手を務めた沖高専の當間亮耀捕手

始球式でマウンドに上がった安仁屋宗八さん

1・2回戦ハイライト

球陽4－3沖高専

4回表、球陽・糸数格生の右前適時打

宮古19－0南部農

3回裏、宮古の二走・久貝颯が生還

前原2－0宮古工

5回裏、三走をアウトにする前原の捕手・桑江勉広

南部工5－4八商工

延長13回裏、南部工・上原海がサヨナラのホームイン

八重山5－4美里工

6回裏、八重山の豊平康太朗が2点適時打を放つ

八重農11－1本部

4回表、八重山農林・鷹野蒼治郎の右越え二塁打

KBC7－0沖縄工

5回表、KBC未来・城間孝太が2点適時打を放つ

具商5－2北中城

8回表、具志川商・山城龍斗がこの日2本目の本塁打

美来工8－1那覇工

3回裏、美来工科の三塁手・伊波俊弥がタッチしアウト

普天間5－1西原

4回裏、普天間の捕手・仲宗根悠吾が本塁突入を阻止

真和志7－4宜野座

完投した真和志のエース・上原航

那覇商2－0小禄

4安打完封の那覇商・當銘壮太

糸満9－1美里

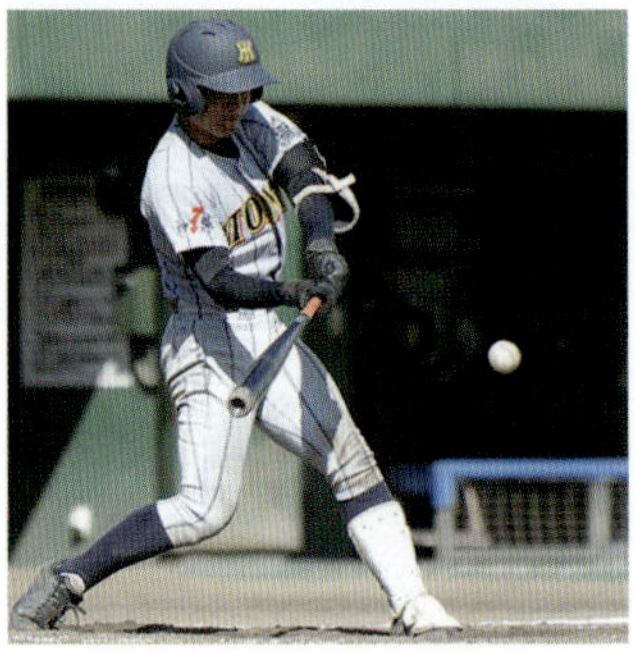

5回裏、糸満の4番・大城勇稀主将の中前適時打

沖尚8－4沖水

4回表、沖縄尚学の具志堅柊輝が二塁から一気に生還

宮古総3－2久米島

7回表、宮古総実・友利汐夢が三塁を陥れる

石川6-5ウェルネス

9回裏、石川・山田大悟の逆転サヨナラ3点本塁打

読谷7-0浦添工

3回表、読谷・波平大季が先制の中前適時打を放つ

具志川7-6北谷

9回裏、本塁突入を阻止した具志川の捕手・浦添駿斗

豊見城6-3向陽

2回裏、豊見城・玉城朝輝が中前に2点適時打を放つ

北山5-0那覇西

3回裏、北山の左翼手・金城竜馬が飛球を好捕

興南4-0豊見城南

8回途中まで無失点に抑えた興南の宮城大弥

宜野湾7-1南風原

6回を投げ1失点に抑えた宜野湾の國仲祐太

那覇国8-1名商工

5回表、那覇国際・崎浜智也の2点二塁打

与勝11-4沖カト

4回表、飛球を与勝の二塁手・松崎正暉が好捕

首里5-4浦添

3回裏、首里の捕手・金城恒希がスクイズを阻止

開邦5-3北部農

延長10回表、開邦・上門伸徳の勝ち越し2点適時打

陽明16-0辺土名

2回裏、適時打を放って二塁に進む陽明・新垣建

嘉手納8-6知念

4回裏、嘉手納の一走・又吉李樹が一気に生還

首里東1-0浦添商

1回表、首里東・砂川海斗が先制のホームイン

那覇12-0名護

4回裏、那覇の二走・松川竜晟が暴投で三塁に進む

中部商1-0コザ

5回を3安打無失点に抑えた中部商先発の山城郁也

中部農5-4昭薬付

勝利を喜ぶ中部農の照屋守護、金城雄之介、親川太陽

球陽3-1南部商

6回裏、球陽・松田悠が左越えの適時二塁打を放つ

宮古総実の友情応援に駆けつけた八重山農林ナイン

応援スナップ

八重山農林の友情応援に駆けつけた美里工業ナイン

興　南

- 1 藤木 琉悠 ③ 山内
- 2 遠矢 大雅 ② 宜野湾
- 3 ○仲村 匠平 ③ 宜野湾
- 4 根路銘 太希 ② 伊江
- 5 大山盛 一郎 ③ 城北
- 6 勝連 大稀 ② 普天間
- 7 比嘉龍 之介 ③ 玉城
- 8 里 魁斗 ③ 三和
- 9 塚本 大雅 ③ 中城
- 10 當山 尚志 ③ 恩納
- 11 仲松 青竜 ③ 古蔵
- 12 比嘉 良天 ③ 読谷
- 13 宮城 大弥 ② 嘉数
- 14 具志頭 大夢 ③ 大宮
- 15 具志堅 大海 ③ 嘉手納
- 16 安里 啓志 ③ 神森
- 17 兼城 裕朋 ② 高江洲
- 18 西里 颯 ① 石垣二
- 19 宇根 玲雄 ③ 読谷
- 20 西江 悠 ② 伊江
- 部長 真栄田 聡
- 監督 我喜屋 優

ＫＢＣ学園未来沖縄

- 1 新垣 龍希 ③ 久米島西
- 2 石原 結光 ③ 潮平
- 3 山城 翔也 ③ 今帰仁
- 4 知念 誠 ③ 豊見城
- 5 宮城 晴 ③ 首里
- 6 宜保 翔 ③ 長嶺
- 7 神里 志温 ② 南星
- 8 城間 孝太 ③ 東風平
- 9 下地 俊輝 ③ 西崎
- 10 ○平良 光 ③ 糸満
- 11 伊波 洋一 ② 鏡原
- 12 山川 一輝 ③ 古蔵
- 13 新里 義毅 ③ 具志頭
- 14 八幡 匠悟 ③ 玉城
- 15 玉城 裕也 ② 大里
- 16 松田原 大輝 ② 仲西
- 17 金城 聖夏 ② 豊見城
- 18 樋口 一矢 ② 国頭
- 19 谷川 健人 ② 三ケ島
- 20 當山 信斗 ① 大里
- 部長 神山 剛史
- 監督 神山 昂

沖縄工業

- 1 西原 拓海 ③ 西原
- 2 東江 省吾 ② 仲井真
- 3 泉 裕稀 ③ 首里
- 4 棚原龍 太朗 ③ 浦西
- 5 座安 達樹 ③ 長嶺
- 6 新城 幹稀 ③ 西原東
- 7 高島 拓也 ③ 安岡
- 8 親川 奨人 ③ 知念
- 9 安里 剛 ③ 浦西
- 10 下地 海斗 ③ 寄宮
- 11 安里 昌悟 ③ 安岡
- 12 前城 弥 ③ 佐敷
- 13 ○儀間 朝 ③ 知念
- 14 神山 大史 ③ 古蔵
- 15 高良 太吾 ② 首里
- 16 金城 睦幸 ② 南星
- 17 嘉味田 陸斗 ③ 古蔵
- 18 前里 大樹 ③ 石嶺
- 19 中村 義幸 ③ 東風平
- 20 森山 蓮 ② 玉城
- 部長 宮城 朗
- 監督 知名 淳

上から、背番号、氏名、学年、出身中学。氏名の上の○は主将。

具志川商業

1 平 和樹 ③ 石川
2 横田 諒 ③ あげな
3 呉屋 旭 ② 美里
4 亀山 麟 ② あげな
5 宮城 力 ③ 具志川東
6 ○山城 龍斗 ③ 石川
7 知名 憂斗 ③ あげな
8 安慶名大毅 ③ 具志川東
9 屋宜 亮汰 ③ 具志川東
10 新垣 瑠依 ② あげな
11 屋宜 和真 ③ あげな
12 伊佐 彰浩 ② 安富祖
13 伊藝 空汰 ② 金武
14 上運天大志 ② 伊波
15 嘉陽宗之介 ③ 石川
16 新里 慶哉 ② 金武
17 島袋 紋世 ③ 石川
18 謝花 広樹 ② 伊波
19 照屋 恭太 ② 美里
20 名渡山兼行 ③ あげな
部長 久保田陽子
監督 上原 健吾

北中城

1 長嶺 慶助 ③ 宮里
2 安里 勇真 ② 北中城
3 宮城 暖 ③ 美東
4 池原虎太郎 ③ 美東
5 ○兼城 翔 ③ 美東
6 仲田 翔飛 ② 宮里
7 池田 圭佑 ③ 沖縄東
8 内山 大空 ③ 沖縄東
9 池原 蓮人 ② 宮里
10 親川 太一 ③ 美東
11 仲宗根尚志 ② 宮里
12 玉城 伶我 ② 宮里
13 安村 隆聖 ③ 美東
14 島袋 寿唯 ③ コザ
15 安和 一輝 ③ 北中城
16 奥平 圭斗 ② 沖縄東
17 喜友名朝希 ② 沖縄東
18 大城 一斗 ② 北中城
19 大城 光輝 ③ 美東
20 池原 彪太 ① 美東
部長 嶺井 政彦
監督 大城 浩二

宮 古

1 與那覇達也 ③ 下地
2 佐和田翔弥 ③ 鏡原
3 田村 愛翔 ③ 平良
4 仲間 大翔 ③ 城辺
5 久貝 颯 ③ 平良
6 宮里 勇飛 ② 北
7 久貝 晃太 ③ 鏡原
8 ○下地 大介 ③ 北
9 宇座幸太郎 ③ 北
10 古堅 瑞樹 ② 久松
11 新里 勇二 ③ 上野
12 下里 空士 ③ 砂川
13 村田 裕介 ③ 平良
14 砂川 大知 ② 上野
15 下地 辰樹 ③ 北
16 佐渡山大空 ② 北
17 上原 有翔 ③ 北
18 下地 主真 ③ 平良
19 與那覇龍汰郎 ② 平良
20 黒澤 龍成 ③ 平良
部長 豊原 啓人
監督 宮里 友也

上から、背番号、氏名、学年、出身中学。氏名の上の○は主将。

南部農林

1 宮城 大海 ③ 佐敷
2 大城優一郎 ② 仲西
3 川満隆太郎 ② 与那原
4 牧志 龍司 ③ 長嶺
5 玉城 優樹 ① 古蔵
6 ○上園 稜樹 ③ 東風平
7 豊見山智樹 ① 豊見城
8 伊佐 彪真 ① 豊見城
9 大城 涼 ③ 大里
10 宮里 瑠壱 ① 南風原
11 小玉 勇吾 ③ 神原
12 屋比久彰也 ③ 寄宮

部長 親泊 達也
監督 伊藝 修策

那覇工業

1 赤嶺 龍矢 ③ 浦添
2 新垣 陸斗 ② 嘉数
3 我那覇陸也 ② 真志喜
4 下地 紘太 ③ 安岡
5 ○田前 武準 ③ 仲西
6 慶田城翔也 ② 長嶺
7 知念 龍弥 ② 上山
8 狩俣 希歩 ③ 那覇
9 松原 大晴 ③ 石田
10 大城 幸也 ③ 小禄
11 稲嶺 龍 ③ 安岡
12 日賀仁太郎 ② 那覇
13 又吉信之輔 ② 港川
14 島袋 翔 ② 神森
15 永村 寿将 ① 首里
16 西里 叶夢 ③ 玉城
17 大城 千畝 ② 神森
18 照屋 勇太 ① 安岡
19 當間 海舟 ② 伊良波
20 友利 晃健 ② 浦添

部長 安富 勇人
監督 東 亮

美来工科

1 比嘉 竜聖 ③ 北中城
2 玉城 幸人 ③ 沖縄東
3 比屋根京介 ③ 高江洲
4 横田 悠李 ② 具志川
5 伊波 俊弥 ③ 宮里
6 比嘉 真大 ② 北中城
7 野呂内晃則 ② 与勝第二
8 ○比嘉 元彌 ③ 読谷
9 城間 海里 ③ 久辺
10 砂川 海大 ③ 沖縄東
11 新垣 汰河 ③ 宮里
12 伊波 海翔 ③ 伊波
13 大城 朝太 ③ 嘉手納
14 與那覇大知 ③ 北谷
15 玉寄 塁 ③ 北中城
16 宜野座風輝 ③ 金武
17 當山 隆富 ③ 恩納
18 中根 研 ② 宮里
19 花城 拓人 ② 嘉手納
20 高嶺 樹來 ② 読谷

部長 米須 清祐
監督 眞玉橋元博

上から、背番号、氏名、学年、出身中学。氏名の上の○は主将。

普天間

1 仲本 光希 ③ 普天間
2 仲宗根悠吾 ③ 宮里
3 久保仙太郎 ③ 琉大付
4 伊禮 徳人 ③ 与勝
5 花城 力 ③ 普天間
6 平識 将利 ③ 美東
7 福地 奎斗 ③ 琉大付
8 比嘉良史希 ③ 宜野湾
9 末吉 椋 ③ 宜野湾
10 ○宮城 克紀 ③ 普天間
11 古謝 良樹 ③ 桑江
12 新垣 裕世 ③ 北中城
13 比嘉 開成 ② 山内
14 嶺井 真利 ③ 普天間
15 川満 晃紀 ③ 宜野湾
16 池原 琉海 ③ 古堅
17 三家本凱士 ② 沖縄東
18 具志堅泰地 ② 美東
19 小渡 洸志 ③ 宜野湾
20 中本 歩 ③ 美東
部長 城間 直美
監督 米須 清徳

西 原

1 國吉 健太 ③ 西原
2 安座間喜佳 ③ 琉大付
3 當銘 大空 ③ 港川
4 大西 悠斗 ③ 首里
5 与那嶺 紘 ③ 西原
6 ○比嘉 竜希 ③ 西原
7 比嘉 祥貴 ③ 琉大付
8 眞喜屋章悟 ③ 真志喜
9 友利 文哉 ③ 浦添
10 大城 琉杜 ③ 石嶺
11 大城 佑太 ③ 石嶺
12 前泊 喬星 ③ 西原
13 高良 泰輔 ③ 浦西
14 比嘉 伸 ② 中城
15 仲里 彪雅 ③ 西原東
16 與座 崚太 ② 浦添
17 玉代勢 暖 ③ 仲西
18 新垣孝之助 ③ 浦添
19 宮城 佑汰 ② 神森
20 西銘 抄鯉 ③ 城北
部長 安里 大作
監督 藤井 智

宜野座

1 松田 周 ③ 名護
2 比嘉 孝太 ③ 東江
3 新里 清太 ③ 宜野座
4 許田 冴希 ③ 久辺
5 玉寄 琉暉 ③ 宜野座
6 平川 塁 ③ 大宮
7 宮城 大輔 ③ 宜野座
8 新里 虹太 ③ 宜野座
9 棚原 憲汰 ③ 大宮
10 ○安原 大藤 ③ 大宮
11 島袋 隼世 ③ 金武
12 堰口 陸斗 ③ 名護
13 岸本 祐輝 ③ 宜野座
14 玉城 皓哉 ③ 東江
15 平田 翔 ③ 宜野座
16 上原 陽向 ③ あげな
17 伊藝 王 ② 宜野座
18 比嘉 祐太 ③ 宜野座
19 仲間 大吾 ③ 金武
20 山城 孝瀬 ③ 宜野座
部長 新垣 隆夫
監督 川平 優次

上から、背番号、氏名、学年、出身中学。氏名の上の○は主将。

上から、背番号、氏名、学年、出身中学。氏名の上の○は主将。

真和志

1	上原　航	③	神原
2	○安里　孔貴	③	東風平
3	高良　有	③	小禄
4	桃原　皇介	②	佐敷
5	池山　哲太	③	首里
6	安里　純平	③	古蔵
7	金城　蓮弥	③	南風原
8	平良　善	③	小禄
9	山城虎之介	③	寄宮
10	玉城　賢人	②	豊見城
11	與那嶺太一	②	上飯田
12	宮里　洸琉	②	仲井真
13	大城　海	②	石田
14	町田　高彰	②	仲井真
15	仲宗根　匠	①	真和志
16	桃原碧一斗	①	仲井真
17	松原栄太郎	①	仲井真
18	大城　宇	①	松島
19	金城　頼人	①	真和志

部長　小林　大隼
監督　津留　直樹

那覇商業

1	當銘　壮太	③	那覇
2	金城　知孝	③	南星
3	比嘉　彬人	③	小禄
4	大城　優	③	古蔵
5	渡具知奨希	③	那覇
6	川満　航希	③	仲井真
7	永山　和輝	②	南風原
8	當銘　練大	③	那覇
9	古波蔵健人	③	南星
10	○福原　龍登	③	石嶺
11	新崎　康真	③	鏡原
12	宮城　文弥	③	首里
13	知念　孝之	②	仲西
14	伊良皆和真	②	松島
15	伊勢　啓太	③	豊見城
16	平良　彰悟	③	仲井真
17	照屋圭一郎	③	安岡
18	高良　琉河	③	鏡原
19	崎濱　秀輔	③	南星
20	城間　大雅	③	仲井真

部長　下地　克弥
監督　吉元　嘉邦

小　禄

1	瑞慶覧政哉	③	石田
2	○濱里　奈祐	③	長嶺
3	新里　龍生	③	琉大付
4	上原　正滉	③	小禄
5	宮城　豪	②	長嶺
6	比嘉　輝	②	長嶺
7	金城龍之介	②	金城
8	當山　史門	③	松城
9	山城　京祐	③	伊江
10	山里　晴紀	③	安岡
11	照屋　太陽	①	鏡原
12	金城　翔也	③	長嶺
13	長嶺　卓生	③	寄宮
14	金城　善斗	③	小禄
15	島袋　爽来	②	石田
16	嘉数　龍紀	②	仲井真
17	玉城　綾介	③	小禄
18	上原　翼	②	鏡原
19	川満　舞士	②	金城
20	玉城　和実	②	伊江

部長　岸本　亘史
監督　野原　潤一

入場行進 MARCHING

美　里

背番号	氏名	学年	出身中学
1	中村　舜	②	宮里
2	○伊計　俊希	③	安慶田
3	池宮　凛	②	美里
4	屋嘉比智彦	③	美里
5	中根竜之介	③	安慶田
6	上門　飛雅	②	美里
7	仲間　大稀	②	美東
8	島袋　雄偉	②	美里
9	川端珠里弥	③	越来
10	池原　昇哉	③	美東
11	玉那覇陸登	②	美里
12	比嘉　孝樹	②	高江洲
13	仲宗根　匠	②	宮里
14	島袋　拓斗	②	美里
15	村吉　利斗	②	美東
16	大城　飛竜	②	美東
17	宮里　優和	②	美東
18	赤嶺　卓	②	美東
19	嘉数　卓優	②	美東
20	新里　海斗	②	安慶田

部長　砂川　歩
監督　山城　明男

糸　満

背番号	氏名	学年	出身中学
1	金城龍史郎	③	東風平
2	○大城　勇稀	③	南星
3	大城　陸	③	東風平
4	銘苅　樹	③	南星
5	兼城　陽	②	具志頭
6	金城　絢也	③	豊見城
7	前野　史佳	③	東風平
8	石川　真也	③	伊良波
9	山城　裕貴	②	豊見城
10	玉城　宙夢	③	糸満
11	平良　希綱	③	大里
12	川満　剛	②	西崎
13	村上洸太郎	③	兼城
14	安仁屋大翔	③	玉城
15	新垣　凜太	③	潮平
16	玉城　大	③	西原東
17	辺土名　駿	②	高嶺
18	山城　恵	③	三和
19	高安　恭平	③	伊良波
20	神田　龍星	③	潮平

部長　嘉数　節
監督　真玉　橋治

沖縄尚学

背番号	氏名	学年	出身中学
1	知念　大成	③	玉城
2	○池間　大智	③	潮平
3	普久原　琳	③	あげな
4	水谷　留佳	②	高江洲
5	磨　龍輝	③	与勝
6	下地優琉馬	③	天王寺
7	深川　蓮	③	佐敷
8	具志堅柊輝	③	潮平
9	仲村　琉希	③	美里
10	新垣　大介	③	三和
11	奥浜　逸貴	③	琉大付
12	仲里　光	③	港川
13	宜保　拓海	③	読谷
14	大嶺　翔己	③	寄宮
15	翁長　武己	③	神原
16	二宮　鳳成	③	松陽
17	元　悠次郎	③	古堅
18	奥原　海斗	②	北
19	山下　航平	②	東風平
20	高良　魁	②	長嶺

部長　大城　英健
監督　比嘉　公也

上から、背番号、氏名、学年、出身中学。氏名の上の○は主将。

沖縄水産

1 國吉 吹 ② 久米島西
2 平良 優太 ③ 西崎
3 上原 一帆 ② 西崎
4 川端琉一朗 ② あげな
5 當山 恭右 ③ 兼城
6 上原 大那 ② 鏡原
7 桃原 蒼哉 ③ 伊良波
8 平安 常人 ② 玉城
9 宜保 龍空 ③ 豊見城
10 ○知念 龍星 ③ 南風原
11 真栄城徳二郎 ② 真和志
12 平田 全力 ③ 兼城
13 金良 涼介 ② 南星
14 松堂 嘉明 ③ 金武
15 瀬長 宙 ② 伊良波
16 島袋 智行 ③ 与勝
17 金元 竜輝 ② 豊見城
18 友寄 力斗 ② 浦添
19 米須 隆雅 ③ 宜野湾
20 三木 健正 ② あげな
部長 眞榮平康広
監督 上原 忠

石 川

1 伊波 和輝 ③ 石川
2 新島 練真 ③ 金武
3 仲程 伊吹 ③ 石川
4 山田 大悟 ③ 具志川
5 永山 琉雅 ③ 高江洲
6 登川 諒栄 ③ 金武
7 渡慶次 佑 ③ 金武
8 比嘉 優斗 ③ 金武
9 ○福山 啓人 ③ 伊波
10 村吉 惟吹 ③ 伊波
11 登川 晴天 ③ 金武
12 宮里 尚吾 ③ あげな
13 名嘉眞飛鳥 ③ 今帰仁
14 伊波 真伍 ③ 伊波
15 山田 達樹 ② 石川
16 崎原 大輝 ③ 古堅
17 古堅 悠河 ③ 美里
18 安里 龍星 ② 宮里
19 与那嶺裕也 ② 沖縄東
20 安富 貴之 ③ 金武
部長 東 佳奈子
監督 天願 恒

日本ウェルネス

1 比屋根柊斗 ① 東風平
2 コンズ七斗 ① 具志川東
3 ○前泊 奏汰 ① 名護
4 中川 勝登 ① 田辺
5 土井 直希 ① 寝屋川十
6 西村 琉海 ① 小禄
7 西川 樹 ① 寝屋川二
8 大城 真琴 ① 大里
9 高吉 悠人 ① 東風平
10 小倉 直純 ① 江陽
11 玉城 廸孝 ① 名護
12 吉田 悠人 ① 東風平
13 小宮 龍 ① 寝屋川八
14 白水 勇斗 ① 田尻町立
15 スコット絢斗
アントニー ① 山内
16 松崎 元輝 ① 新東淀
17 照屋 流希 ① 具志川
18 嵩原康一朗 ① 豊見城
19 玉木丈二朗 ① 那覇
20 末吉 広歩 ① 難波
部長 北村 潤一
監督 北村 潤一

上から、背番号、氏名、学年、出身中学。氏名の上の○は主将。

浦添工業

1 伊藤 光 ② 港川
2 上原 良介 ② 石嶺
3 赤嶺 騎士 ① 浦添
4 松田 龍馬 ③ 玉城
5 新里 剛生 ② 仲西
6 本部 朝暉 ③ 仲西
7 ○吉永 雄貴 ③ 浦添
8 宮里 理央 ③ 松島
9 島袋 恵太 ② 嘉数
10 宮城 飛琳 ② 嘉数
11 森住 陸 ① 浦添
12 翁長 利伎 ③ 浦西
13 城間 勝多 ② 浦西
14 萱原 祐季 ① 浦添
15 兼謝名 亨児 ③ 伊江
16 大城 弘椰 ① 石嶺
17 仲里 隆真 ② 嘉数
18 宮城 紳 ① 嘉数
19 川満 元人 ① 浦添
20 伊藝 輝汰 ① 金武
部長 仲松 志朗
監督 城間 克也

読　谷

1 金良宗一郎 ③ 桑江
2 伊禮 柊 ③ 嘉手納
3 津波 恒志 ③ 読谷
4 安里 大河 ③ 北谷
5 波平 大季 ③ 読谷
6 ○澤岻 安紋 ③ 古堅
7 川満 舜己 ③ 古堅
8 砂辺 龍二 ③ 古堅
9 宮城 幸平 ③ 読谷
10 東江 辰郎 ③ 古堅
11 與久田 尚 ③ 読谷
12 宮城 伶王 ③ 北谷
13 伊敷 快 ③ 北谷
14 大城 空 ③ 読谷
15 知念 正人 ③ 読谷
16 比嘉 大志 ③ 古堅
17 宮城 拓未 ③ 桑江
18 比嘉 琢美 ② 古堅
19 伊敷 宙 ② 北谷
20 比嘉 樹音 ① 古堅
部長 前濱 範一
監督 比嘉 秀策

具志川

1 與古田尚由 ③ あげな
2 浦添 駿斗 ② 具志川
3 ○山城 祐喜 ③ 金武
4 眞喜志京太朗 ② 具志川東
5 山城 龍平 ③ 伊波
6 大城 慶弥 ② 与勝二
7 玉城 快 ③ 宮里
8 大城万斗維 ② あげな
9 島袋 雅地 ③ 伊波
10 宇良 琢真 ② 美里
11 當山 清夢 ② 石川
12 宮里 大輝 ② 具志川
13 高江洲雄基 ② 美里
14 池原 隆成 ② 金武
15 仲間 空 ② 金武
16 仲松 瑛司 ② 高江洲
17 仲村渠喬介 ② 宮里
18 上江洲 旭 ② 金武
19 與那覇拓也 ② 具志川東
20 武蔵 薫 ② 金武
部長 島袋 春樹
監督 宮里 淳

上から、背番号、氏名、学年、出身中学。氏名の上の○は主将。

北谷

背番号	氏名	学年	出身中学
1	松田 亘	③	コザ
2	比嘉 優大	③	コザ
3	島袋 太陽	③	山内
4	○石川 輝樹	③	北谷
5	大城 幸太	②	嘉手納
6	金城 大宝	②	北中城
7	長嶺 璃空	②	北谷
8	喜友名秀大	②	読谷
9	名幸健一朗	②	北谷
10	小橋川 奨	②	北谷
11	東恩納尚平	②	真志喜
12	仲村 信志	③	北谷
13	山内 隆史	③	山内
14	玉城 集希	③	宮里
15	與儀 大也	②	桑江
16	山内 盛矢	②	北谷
17	盛岡 滉晴	②	北谷
18	與那覇礼緒	②	山内
19	伊佐 龍斗	②	北谷
20	宮里 一也	②	コザ

部長 砂辺真之輔
監督 平良 栄二

前原

背番号	氏名	学年	出身中学
1	末吉 泰宜	③	石川
2	松尾優一郎	③	山内
3	仲嶺 慶佑	③	与勝二
4	比嘉 駿	③	あげな
5	玉城 優	③	越来
6	比嘉 海星	③	石川
7	神谷 拓直	③	安慶田
8	○高宮城 優	③	コザ
9	兼島 尚也	③	あげな
10	大塚慎之介	③	あげな
11	中西 海斗	②	伊波
12	桑江 勉広	②	沖縄東
13	島袋 乃樹	③	コザ
14	伊保 海	③	与勝
15	東泊 樹	③	あげな
16	知花 翔	③	石川
17	佐久本竜一	③	あげな
18	伊波 義記	②	伊波
19	眞榮里広樹	③	与勝二
20	宮城 一朗	③	嘉数

部長 藏本 哲雄
監督 大川 基樹

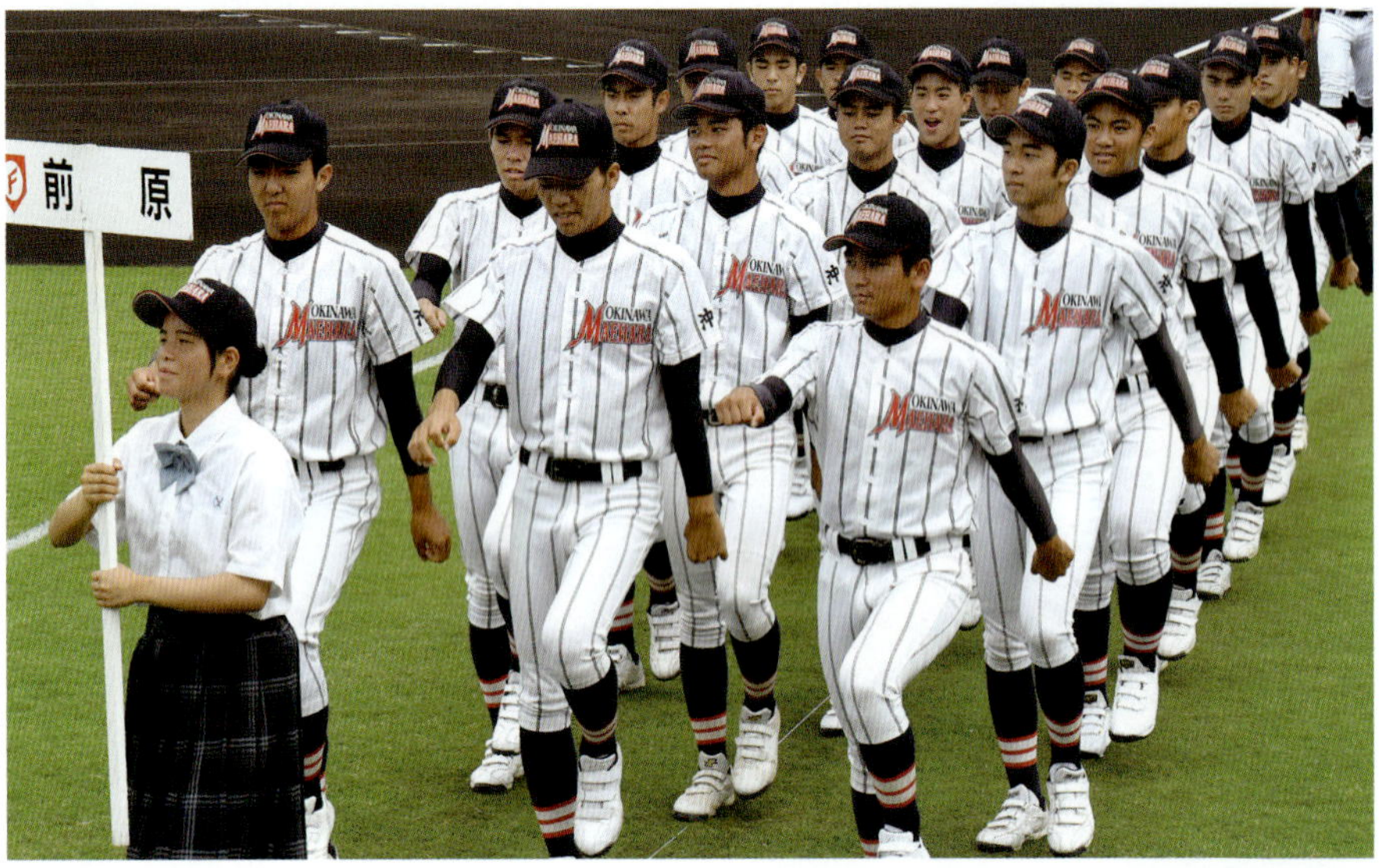

宮古工業

背番号	氏名	学年	出身中学
1	宮城 凌我	②	久松
2	佐和田優翔	②	北
3	荷川取麟汰	②	平良
4	○砂川 凌汰	③	北
5	砂川 理寿	①	平良
6	新里 健太	②	久松
7	下地 寿樹	②	鏡原
8	川満 一眞	③	平良
9	佐和田隆貴	①	北
10	狩俣 勝王	①	北
11	佐渡山翔太	①	北
12	佐久間一晟	①	伊良部

部長 中根 直樹
監督 大浦 陸

上から、背番号、氏名、学年、出身中学。氏名の上の○は主将。

豊見城

背番号	氏名	学年	出身中学
1	仲田 琢	③	東風平
2	當山 堅太	③	南風原
3	玉城 朝輝	③	長嶺
4	古波津晃大	③	鏡原
5	佐久本隼汰	③	豊見城
6	神谷 天斗	③	豊見城
7	○知念 拓真	③	豊見城
8	仲本盛之佑	③	大里
9	宜保 達輝	②	豊見城
10	知念 尚希	③	古蔵
11	垣花 香太	②	豊見城
12	宜保 拓哉	②	南星
13	宜保 魁起	③	長嶺
14	當銘 琉河	③	豊見城
15	金城 捺樹	③	寄宮
16	与那原 諒	③	仲井真
17	石川 温基	③	小禄
18	當間ヒロト	③	寄宮
19	西銘 竜	③	小禄
20	宮里 日向	②	鏡原

部長 山里 貞俊
監督 洲鎌 弘樹

向陽

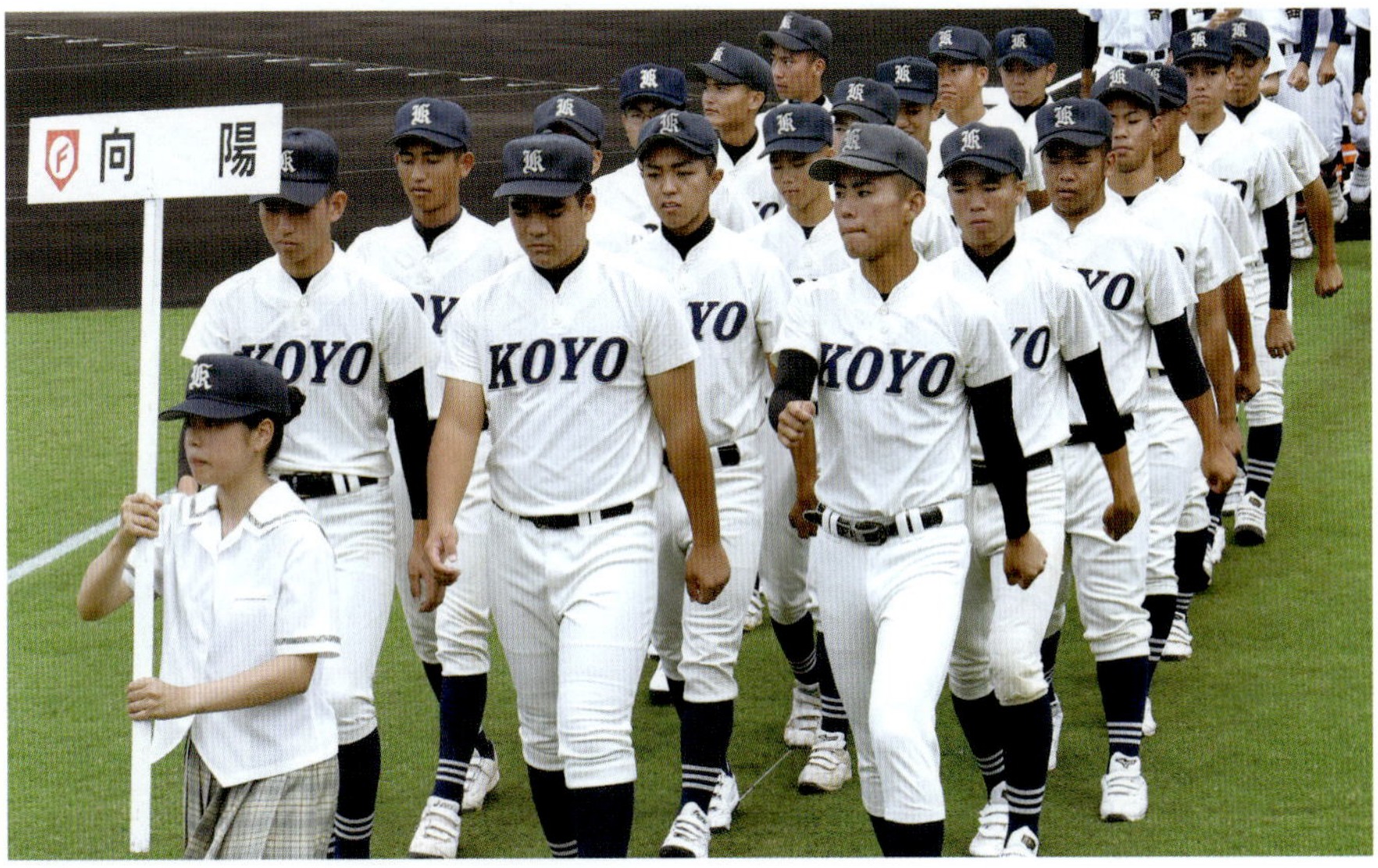

背番号	氏名	学年	出身中学
1	金城 臣頼	③	南星
2	○新垣 隆輝	③	大里
3	鶴田 智哉	②	兼城
4	名嘉眞朝遼	③	長嶺
5	渡口 大地	③	長嶺
6	玉城 至恩	③	玉城
7	宮里 裕貴	③	今帰仁
8	松田 慶	③	豊見城
9	大城 元人	③	大里
10	山田 正之	③	玉城
11	翁長 篤規	③	三和
12	大城嘉源宗	③	長嶺
13	久貝 智紀	③	那覇
14	新里 要	③	長嶺
15	佐久本嗣大	③	豊見城
16	知念 叶夢	③	伊江
17	赤嶺 弦	③	玉城
18	宇地原基紀	③	玉城
19	安谷屋竣介	①	豊見城
20	内村 健太	③	葛西二

部長 大城 貴史
監督 石塚 年勝

那覇西

背番号	氏名	学年	出身中学
1	大城 拓夢	③	豊見城
2	兼城 拓海	③	小禄
3	玉城 壱星	③	寄宮
4	當間 努	③	鏡原
5	屋我 優伎	③	鏡原
6	○大嶺 惇	③	小禄
7	渡慶次夢叶	③	長嶺
8	上原 正大	③	伊良波
9	大城 翔	③	伊良波
10	宜保 翔也	②	豊見城
11	宮城 優都	③	石田
12	有田 大倫	①	金城
13	愛甲 舜	①	伊良波
14	上原 拓朗	③	小禄
15	我如古孝太	③	長嶺
16	高良優太郎	②	豊見城
17	一松 武頼	①	伊良波
18	照屋 龍我	③	小禄
19	山城 椋	②	金城
20	嘉数 透斗	①	寄宮

部長 渡久地政国
監督 町田 宗毅

上から、背番号、氏名、学年、出身中学。氏名の上の○は主将。

北山

背番号	氏名	学年	出身中学
1	金城 洸汰	②	上本部
2	上間 栄治	②	上本部
3	仲村 周真	②	今帰仁
4	島袋 颯人	③	東江
5	山﨑慎ノ介	②	今帰仁
6	宮里 光	②	今帰仁
7	金城 竜馬	②	今帰仁
8	石川 柚月	②	大宮
9	大城龍之介	③	今帰仁
10	小濱 大星	①	本部
11	金城 和尋	②	大宮
12	大嶺 塚嵯	②	国頭
13	松田 響介	②	今帰仁
14	金城 輝星	②	上本部
15	玉城 海渡	③	今帰仁
16	○新城 翼	③	今帰仁
17	仲尾次汰一	③	今帰仁
18	大城 麻央	③	東江
19	名城 快思	②	上本部
20	玻名城壱哲	②	今帰仁

部長 中本 昌弥
監督 津山嘉都真

南部工業

背番号	氏名	学年	出身中学
1	上原 大雅	③	潮平
2	新垣 雄規	③	大里
3	金城 勇飛	③	伊良波
4	上原 海	②	西崎
5	○金城 勇希	③	東風平
6	島袋 翔夢	③	知念
7	喜納 拓夢	②	与那原
8	嶺井 政明	③	潮平
9	山入端健作	②	西崎
10	永山 雄基	③	大里
11	大城 帆宝	②	大里
12	平良 愛斗	②	高嶺
13	玉井 佑享	②	三和
14	國吉 優馬	②	大里
15	玉城 喜陽	③	三和
16	平田 歩夢	②	豊見城
17	伊集 盛凪	②	玉城
18	大城 尚太	②	具志頭
19	志喜屋 陸	②	知念
20	牧志 玲哉	②	豊見城

部長 安座間竜作
監督 親川 聖

八重山商工

背番号	氏名	学年	出身中学
1	親里 翔	③	石垣
2	下地 裕哉	②	石垣
3	伊礼 真生	②	石垣二
4	西平 塁	②	石垣二
5	○大嶺 士優	③	大浜
6	伊計 省吾	②	石垣
7	中山光一郎	②	石垣
8	亀田 楓真	②	石垣
9	比嘉 剛志	③	石垣
10	内野 太陽	②	石垣
11	本田涼夏人	②	石垣
12	池間 未崎	②	石垣
13	屋比久優太	①	大浜
14	久部良柊人	②	石垣二
15	具志堅健人	①	石垣二
16	黒島 智也	①	石垣二
17	荻堂 一盛	①	石垣
18	高江洲健杜	①	石垣二

部長 上原 拓
監督 末吉 昇一

上から、背番号、氏名、学年、出身中学。氏名の上の○は主将。

豊見城南

1 宮城 昂大 ③ 西崎
2 中野 航太 ② 兼城
3 野原 大誠 ③ 豊見城
4 ○平良 憲利 ③ 豊見城
5 松本 健聖 ③ 伊良波
6 金城 麟 ② 糸満
7 金城 涼斗 ③ 豊見城
8 嶺井 和真 ③ 豊見城
9 島袋 航輔 ③ 小禄
10 西村 秀也 ③ 西崎
11 赤嶺 辰吉 ② 伊良波
12 安慶名 凜 ③ 豊見城
13 甲斐 裕晟 ② 潮平
14 嵩原 昌樹 ② 伊良波
15 金城 尚志 ② 小禄
16 大城 将平 ② 豊見城
17 金城 雄大 ① 豊見城
18 新城 宏汰 ① 兼城
19 永井 洋大 ② 潮平
20 松堂 健人 ② 豊見城
部長 山内 一尚
監督 金城 裕介

美里工業

1 野末 琉斗 ③ 宜野湾
2 ○宮城 里於 ③ 与勝
3 上門 竜成 ③ 美東
4 赤平 扶 ③ 与勝
5 親田 慶人 ③ 与勝
6 島袋悠之介 ② 石川
7 仲本 竜弥 ③ 与勝
8 仲吉 黎 ③ 供米田
9 仲村 北斗 ② 安慶田
10 吉山 朝陽 ② 具志川東
11 兼島 大南 ② 石川
12 宮里 尚吾 ② 読谷
13 花城 紘人 ③ 与勝
14 東盛 拓哉 ② 山内
15 新垣 誠人 ② 東江
16 野國 昌史 ③ 美東
17 宮城 由侑 ② 沖縄東
18 比嘉 洋介 ③ 与勝
19 上間 玲於 ① 美東
20 高江洲正太郎 ① あげな
部長 奥 達規
監督 神谷 嘉宗

八重山

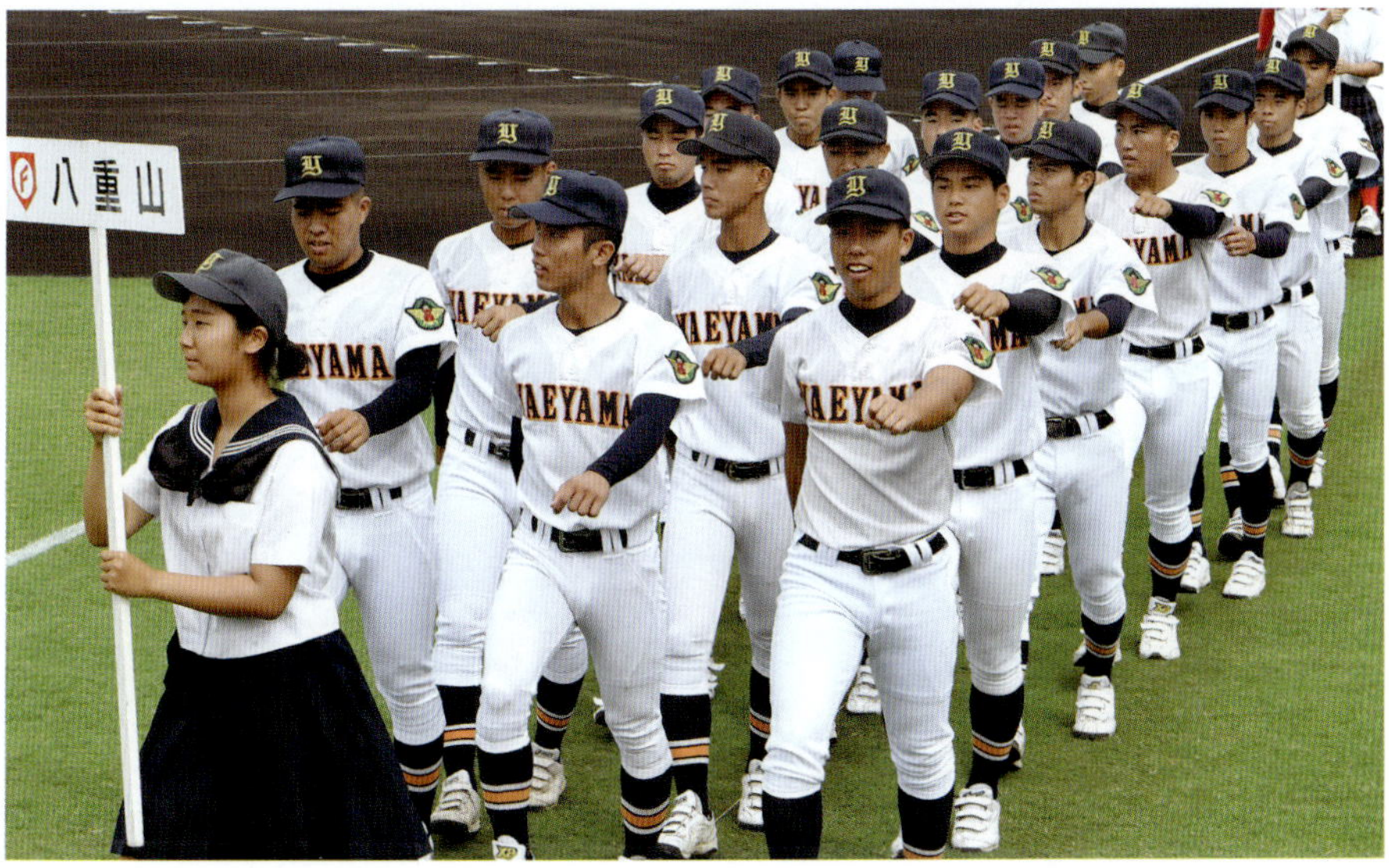

1 川原 光 ③ 大浜
2 豊平康太朗 ③ 石垣二
3 當銘 元太 ③ 石垣
4 新城 一歩 ③ 白保
5 里盛 佑樹 ③ 大浜
6 ○西表 大夢 ③ 大浜
7 砂川 竜希 ③ 石垣二
8 大城 智弘 ③ 石垣
9 伊舎堂裕也 ③ 大浜
10 當銘 強太 ③ 石垣
11 玻座真里綺 ③ 大浜
12 後浜幸一郎 ③ 大浜
13 金城 徳哉 ③ 石垣二
14 井戸 天馬 ③ 大浜
15 知念 蒼 ③ 東風平
16 山城 良太 ③ 大浜
17 前津 拓郎 ② 大浜
18 東江 響 ② 石垣二
19 前津 俊太 ③ 大浜
20 東川平優輔 ③ 石垣
部長 兼島 兼哲
監督 與那城吾朗

上から、背番号、氏名、学年、出身中学。氏名の上の○は主将。

南風原

1 城間 陽斗 ③ 玉城
2 當銘 大輝 ③ 東風平
3 福里 蓮 ③ 与那原
4 金城 大空 ② 仲井真
5 池間 銀隆 ③ 南星
6 島川未来叶 ② 南星
7 島袋 裕次 ③ 東風平
8 仲本 恵大 ③ 南風原
9 與那嶺武成 ③ 南風原
10 与那原永吾 ③ 南風原
11 親川 大悟 ③ 佐敷
12 ○伊野幸一郎 ③ 玉城
13 玉城 朔弥 ③ 大里
14 藏下 光樹 ③ 伊江
15 嶺井 航平 ③ 佐敷
16 知念 悠飛 ③ 佐敷
17 平田 雅弥 ③ 長嶺
18 仲宗根史祐 ③ 仲井真
19 新垣 敬人 ② 仲井真
20 吉田 希夢 ② 仲井真
部長 前川 等
監督 瀬名波幹智

宜野湾

1 國仲 祐太 ③ 港川
2 東江 健光 ② 普天間
3 眞喜志隼聖 ② 宜野湾
4 佐久原琉也 ③ 嘉数
5 與座 稜太 ③ 港川
6 ○西平 燿 ③ 嘉数
7 安里 大吾 ② 普天間
8 富名腰太雅 ③ 嘉数
9 喜瀬 慎也 ② 嘉数
10 東 眞博 ③ 港川
11 小嶺 壮正 ③ 神森
12 宮平 陸 ② 西原東
13 比嘉 晃也 ② 西原
14 玉城 陸 ② 宜野湾
15 平良 流生 ③ 港川
16 比嘉 太一 ② 普天間
17 新里 一希 ② 宜野湾
18 上原 祥瑛 ③ 琉大付
19 末吉 星登 ③ 宜野湾
20 上地 凜温 ③ 嘉数
部長 大城 康弘
監督 池宮城 朗

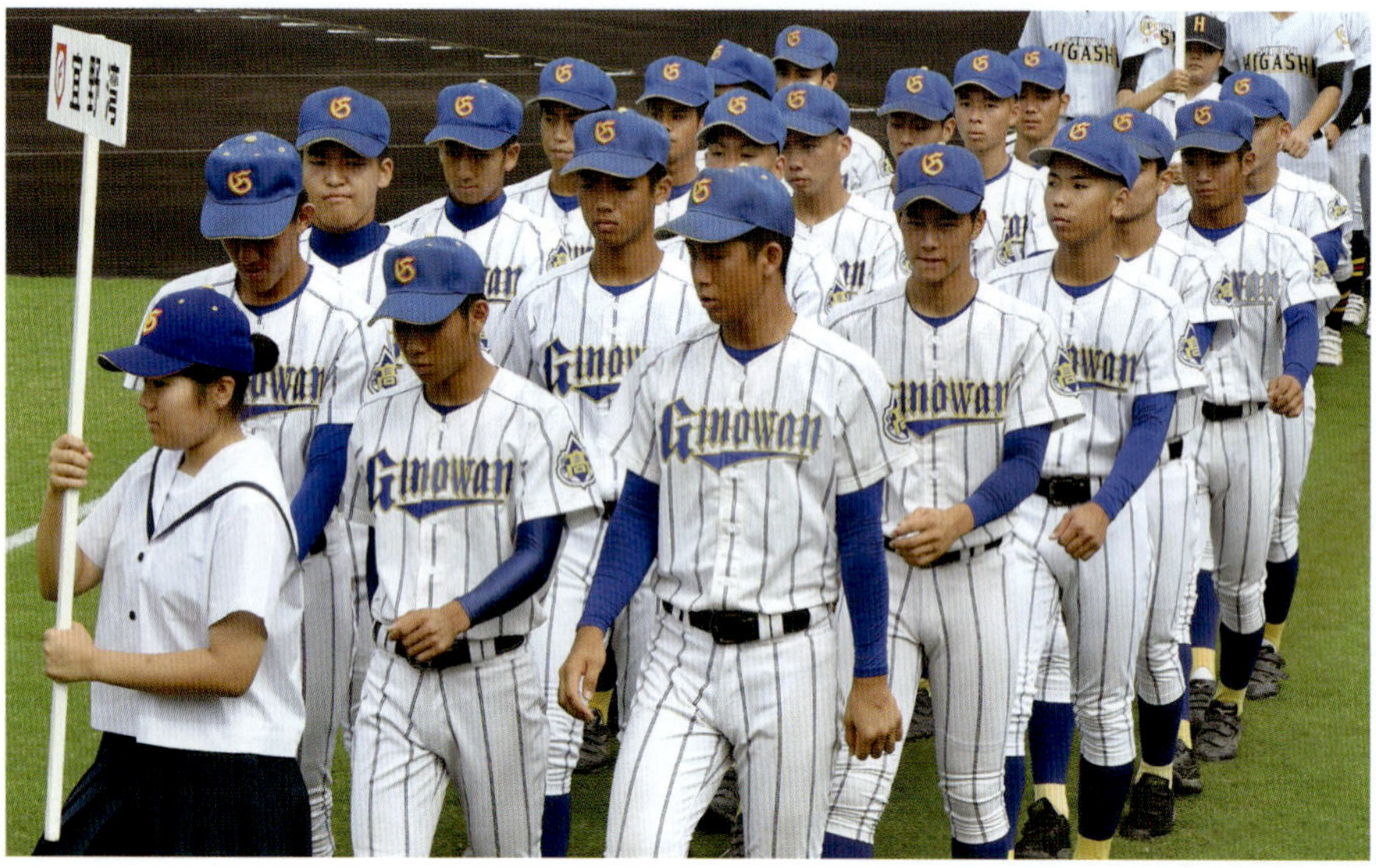

首里東

1 新垣 優人 ② 松島
2 根間 来夢 ② 松島
3 玉城 航太 ③ 城北
4 新垣 俊 ③ 南風原
5 天久 聖也 ③ 那覇
6 ○石川 峻 ③ 浦添
7 垣花 練 ③ 仲井真
8 砂川 海斗 ② 松島
9 山城 優樹 ③ 仲井真
10 當真 登夢 ② 浦添
11 宮城 拓也 ② 真和志
12 佐久本将至 ② 浦添
13 喜屋武元哉 ② 宜野湾
14 宮里 奏大 ② 浦西
15 松田 航洋 ② 石嶺
16 玉代勢孝也 ② 首里
17 安室 健秀 ② 石嶺
18 外間 輝 ② 石嶺
19 川満 巽貴 ② 城北
20 遠藤 洋平 ② 松島
部長 久銘次 亮
監督 川満 亨

上から、背番号、氏名、学年、出身中学。氏名の上の○は主将。

浦添商業

1	謝花 真輝	③	浦添
2	又吉 巧己	③	神森
3	前原 寿信	③	松島
4	玉寄 敦貴	③	嘉数
5	比嘉里 来斗	③	東風平
6	中村 吏玖	③	神森
7	長嶺 太洋	③	古堅
8	城間 拓馬	③	古堅
9	○上間 拓斗	③	東江
10	黒木 優斗	③	御幸
11	宮城 海波	②	美東
12	宇良 政宗	③	古堅
13	上之神 一世	②	三松
14	新垣 良玖	②	伊良波
15	前田 拓磨	③	東江
16	森江 魁	③	真和志
17	金城 開	③	神森
18	城間 維斗	③	寄宮
19	大城 佳祐	③	古堅
20	玉城 圭人	③	石嶺

部長 赤堂 秀馬
監督 宮城 隼人

那覇国際

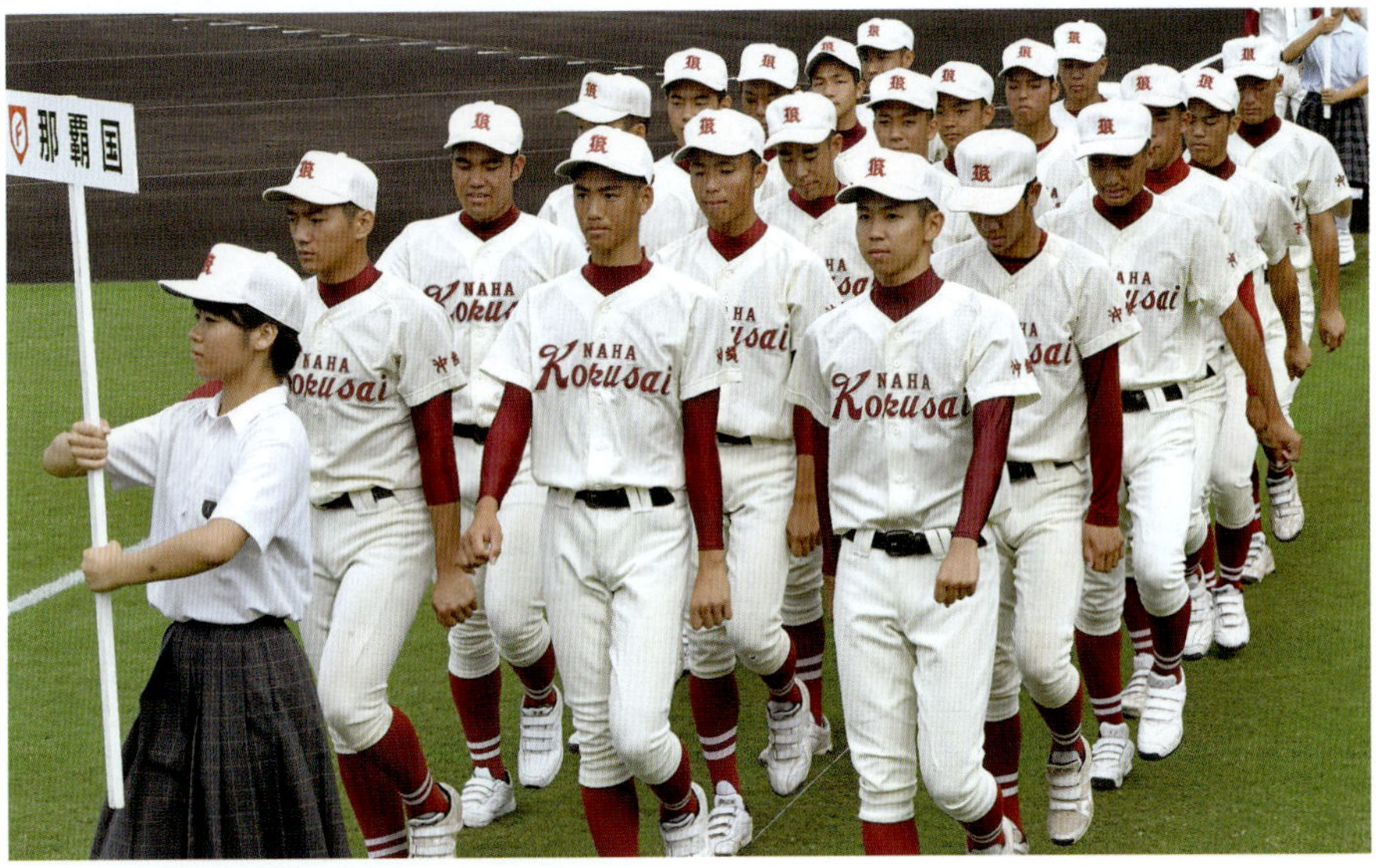

1	村田 龍生	③	港川
2	○中里 直寛	③	松城
3	外間 雅	③	小禄
4	尾辻 琢朗	③	神森
5	大濵 有喜	③	港川
6	長間 大	③	那覇
7	石嶺 好太	③	長嶺
8	寺平辰 乃介	②	港川
9	小川 恒星	③	真和志
10	照屋 安基	③	金城
11	崎浜 智也	②	仲西
12	我喜屋 大	③	仲西
13	宮城 太陽	③	仲西
14	宮城 響大	③	仲西
15	渡久地 格生	③	神森
16	仲地 翔太	③	神森
17	島袋 林斗	②	仲西
18	赤嶺 未来	②	仲西
19	新垣 雄太郎	②	古蔵
20	平良 飛智	②	南風原

部長 濱元 良人
監督 神里 武弥

名護商工

1	仲尾 勇	③	羽地
2	○仲間 雄大	③	宜野座
3	比嘉 浩介	②	金武
4	金城 洸虎	①	今帰仁
5	比嘉七 海翔	②	今帰仁
6	伊藝 星	②	金武
7	宜志富 結希	②	羽地
8	仲田 響	②	今帰仁
9	石川 裕麻	②	羽地
10	新垣 晃大	③	伊平屋
11	西 裕暉	③	羽地
12	玉城 陸斗	①	羽地
13	宜野座 逸志	②	金武
14	上原 大知	②	今帰仁
15	玉城 豊真	②	羽地
16	親川 楓	②	名護
17	我那覇 琳	②	国頭
18	湧川 翔希	①	大宮
19	金城 龍弥	②	東江
20	仲宗根 永遠	②	今帰仁

部長 比嘉 智二
監督 安富 大志

上から、背番号、氏名、学年、出身中学。氏名の上の○は主将。

名　護

1	吉元　貴志	③	東江
2	新田　駿介	③	今帰仁
3	宇根　渉悟	③	大宮
4	川上　智己	③	久辺
5	岸本　旭冬	③	屋部
6	○玉城　樹	③	今帰仁
7	石川　大輝	②	名護
8	宮城　尚利	③	国頭
9	豊島　拓海	③	久辺
10	嘉陽　琉斗	③	名護
11	大城　裕也	③	名護
12	谷口　波琉	③	恩納
13	安里　尚	③	名護
14	下地倫太郎	③	東江
15	金城　光輔	③	羽地
16	島袋倫太郎	③	羽地
17	大城　亮斗	②	屋部
18	伊野波　俊	③	屋部
19	長山　竜斗	②	名護
20	城間　皓介	②	久辺
部長	中村　敦		
監督	田原　伸繁		

那　覇

1	瀬長勇太朗	③	豊見城
2	根波　朝唯	③	金城
3	津波古陸斗	③	那覇
4	新城　田	③	金城
5	新垣　太崇	③	東風平
6	垣花　元太	③	豊見城
7	中村　剛瑠	③	安岡
8	喜屋武柊也	③	伊良波
9	仲嶺　佑哉	③	安岡
10	○友寄　響	③	浦添
11	上地　泰雅	③	浦添
12	外間　敦喜	③	佐敷
13	比嘉　竜望	③	伊良波
14	玉城　瑠佳	③	鏡原
15	金城　颯大	③	東風平
16	松川　竜晟	②	金城
17	古謝　文哉	③	金城
18	來間　俊樹	③	伊良波
19	高良　豪	③	那覇
20	喜舎場朝也	①	長嶺
部長	山城　和也		
監督	大城　康成		

北部農林

1	金城　錦	③	本部
2	玉城　貴大	③	今帰仁
3	島袋　朝也	②	今帰仁
4	宮城　楽斗	③	大宮
5	稲嶺　郷	③	今帰仁
6	大城　来希	②	屋部
7	福井　優太	③	名護
8	○岸本　宗太	③	屋部
9	新里　永遠	②	本部
10	島袋　琉希	②	東江
11	大湾　裕希	②	大宮
12	具志堅興乃佑	②	名護
13	中村　廉	②	名護
14	川上　春人	②	大宮
15	平岩　優汰	②	今帰仁
16	東江　琉馬	②	屋部
17	新川　玲夢	①	今帰仁
18	大嶺　心夢	①	宜野座
19	比嘉　親吾	①	屋富祖
20	豊里　友優	①	羽地
部長	伊良波　泰		
監督	宮里　義浩		

上から、背番号、氏名、学年、出身中学。氏名の上の○は主将。

開　邦

1	新城世紀斗	②	真和志
2	金城　温大	①	仲西
3	仲田　大樹	③	琉大付
4	大宜見規好	②	石垣二
5	大城　康信	③	名護
6	上門　伸徳	③	鏡原
7	富盛　智晴	①	鏡原
8	○宮城　博也	③	鏡原
9	田島　圭	②	南風原
10	儀間　俊樹	②	琉大付
11	清水　達仁	②	嘉数
12	竹内　崇馬	①	船浦

部長　仲里　武史
監督　照屋圭二郎

陽　明

1	新里　將太	③	神森
2	○城間　啓輔	③	城北
3	平良栄之進	③	神森
4	山城　裕聖	③	港川
5	長渡　航	③	神森
6	国吉　裕紀	③	神森
7	平良　周真	③	港川
8	新垣　建	③	港川
9	東江　尚信	③	神森
10	松村　晃弥	③	宜野湾
11	又吉慎之介	③	浦西
12	伊波　次塁	③	港川
13	末吉　優希	③	宜野湾
14	中島　尚俊	③	仲西
15	比嘉　斎貴	③	松島
16	親泊　諒	③	仲西
17	宮城　裕雅	③	宜野湾
18	宇良　優孝	②	仲西
19	眞栄里貴生	②	港川
20	フィールド ケイン竜士	②	港川

部長　大嶺　祐介
監督　阿波連　仁

辺土名

1	○知花　泉	③	国頭
2	金城照太郎	③	国頭
3	宮城　吟武	③	国頭
4	大城　満	②	伊江
5	前田　浩聖	②	国頭
6	上地　明斗	②	大宜味
7	金城　尚輝	②	大宜味
8	大城　雷希	③	国頭
9	伊波　興真	②	大宜味
10	石井　千啓	②	粕川

部長　城間　恒寿
監督　高良　耕平

上から、背番号、氏名、学年、出身中学。氏名の上の○は主将。

上から、背番号、氏名、学年、出身中学。氏名の上の○は主将。

コ ザ

1 護得久 廉 ③ 山内
2 比嘉 瑛斗 ③ 高江洲
3 中村 壮 ③ 美東
4 平田 洸大 ③ 美東
5 屋我平之佑 ③ 山内
6 ○大城 大空 ③ 美東
7 田中 大聖 ③ 美里
8 池原 秀啓 ③ 美里
9 大城 周人 ② 読谷
10 又吉 茄月 ③ 美里
11 新城 琉平 ③ 美東
12 屋良 朝彦 ③ 宮里
13 我謝 勝輝 ③ 美東
14 東盛 陸哉 ② 山内
15 大城 飛鳥 ③ 美東
16 西銘 謙 ② 北中城
17 瑞慶覧翔伍 ③ 北谷
18 知花 夢大 ③ 具志川
19 島袋 亮人 ③ 北谷
20 宮城 遥馬 ② あげな
部長 知念 正仁
監督 嘉陽 宗雄

中部商業

1 山城 郁也 ③ 伊波
2 前田 亮 ③ 真志喜
3 石川 聖 ③ 山内
4 仲田 憲汰 ③ 金武
5 小濱 佑斗 ② 嘉数
6 與古田行弥 ③ 美東
7 安里 龍征 ③ 首里
8 知念 侑輝 ③ 中城
9 與那嶺玲生 ② 西原
10 中濱 太洋 ③ 真志喜
11 時田 澪 ③ 中城
12 砂川 慧太 ② 浦添
13 町田 優気 ③ 北中城
14 宮平 龍清 ③ 中城
15 ○比嘉 照人 ③ 具志川東
16 湧川 勝利 ③ 宜野湾
17 徳田 大夢 ③ 北中城
18 宮里 諒 ③ 中城
19 池間 尚志 ③ 北谷
20 仲泊 俊輝 ③ 北中城
部長 福仲 直人
監督 平良 隆訓

与 勝

1 大山 正剛 ③ 与勝
2 名嘉村紫陽 ③ 与勝
3 大城 翔貴 ③ 与勝
4 松崎 正暉 ③ 与勝緑丘
5 花城 琢巳 ② 与勝
6 ○吉浜 稜人 ③ 与勝
7 比嘉 康太 ③ 与勝
8 森田真乃介 ③ 与勝
9 嘉陽 大稀 ③ 与勝
10 長濱 龍彪 ③ 与勝
11 伊計 享也 ② 与勝
12 大石根幸都 ② 与勝
13 金城 嘉悟 ③ 与勝
14 玉城 力斗 ③ 与勝
15 上原 駿也 ② 与勝
16 仲程 丈馬 ③ 与勝緑丘
17 田場 颯真 ③ 与勝
18 山口 栄治 ③ 与勝緑丘
19 比嘉 一勝 ② 与勝緑丘
20 又吉 友保 ① 与勝緑丘
部長 長嶺 由騎
監督 仲宗根寛史

沖縄カトリック

1 ○金城 来南 ② 嘉数
2 崎浜 隆平 ② 西原東
3 普天間朝基 ② 琉大付
4 金城 朱毅 ② 浦添
5 富永 勇人 ② 松島
6 久松 優介 ② 北中城
7 新垣 憂空 ② 中城
8 宮城 広翔 ② 嘉数
9 富盛 敬太 ② 神森
10 宮良 龍一 ② 中城
11 仲程 昱偉 ② 宜野湾
12 島袋 凛太 ① 浦西
13 太田 一輝 ① 浦添
14 久保進太朗 ① 琉大付
15 兼村 俊輝 ① 桑江
16 兼村 紀輝 ① 桑江
17 久手堅 光 ① 仲西
18 桃原 優介 ① 佐敷
19 柯 苡豪 ① 彰藝
20 秦 逸文 ① 光明
部長 枝松ひとみ
監督 岸本 幸彦

本　部

1 江田 暖侍 ③ 名護
2 大城 鼓高 ① 本部
3 上間 霞河 ② 上本部
4 島袋 琉 ② 本部
5 ○久高 魁 ③ 本部
6 島袋 琉生 ① 本部
7 仲地 玲人 ① 本部
8 茂刈 海翔 ① 本部
9 小濱 聖 ② 本部
10 幸地 怜央 ① 本部
11 川田 莉空 ① 本部
12 仲榮眞 佑 ① 本部
13 田港 渉 ① 上本部
14 仲本 恭也 ① 名護
15 與儀 匠翔 ① 上本部
16 宮里 宏太 ① 本部
17 前原 樹吏 ① 本部
18 仲宗根由人 ① 本部
19 徳村 琉夢 ① 本部
部長 奥濱 正
監督 宮城 岳幸

八重山農林

1 仲野 太陽 ③ 石垣
2 宮城 羅 ③ 石垣
3 米盛 重貴 ③ 大浜
4 下里 航平 ③ 石垣二
5 仲間明日貴 ③ 石垣
6 石垣 永恭 ③ 石垣
7 嘉弥真大輔 ③ 白保
8 ○鷹野蒼治郎 ③ 石垣二
9 宜間 遥希 ③ 石垣二
10 森田 駿介 ② 大浜
11 平田 極 ③ 石垣二
12 大城 琉 ③ 白保
13 親里 大翔 ① 石垣
14 砂川 将吾 ① 石垣
15 西玉得恭介 ② 白保
16 上江洲伶生 ① 石垣
17 大城 嵐 ② 白保
18 大浜 圭人 ① 大浜
19 久貝 悠斗 ① 石垣二
20 東盛 世空 ① 大浜
部長 上原八重子
監督 砂川 玄隆

上から、背番号、氏名、学年、出身中学。氏名の上の○は主将。

浦　添

1	東　凌矢	③	港川
2	黒島　永裕	②	嘉数
3	米須　理雄	③	浦添
4	城間　界伸	③	安岡
5	大湾宗一郎	③	首里
6	○眞栄里大生	③	港川
7	熱田　尚優	③	仲西
8	黒島　滉平	③	神森
9	名嘉　周哉	③	神森
10	砂川　竜誠	③	仲西
11	国吉　響	②	仲西
12	伊禮　翼	③	石嶺
13	儀間　亮雅	③	首里
14	名嘉　翼	③	北大東
15	上地　永遠	②	那覇
16	宮城　海翔	③	仲西
17	長浜　勇太	②	神森
18	古我地紀人	③	仲西
19	嘉手納知己	③	松島
20	長浜　翔太	①	神森
部長	志良堂哲也		
監督	上間　理博		

首　里

1	比嘉　教貴	③	西原東
2	金城　恒希	③	石嶺
3	金城　幸奨	③	南星
4	仲里　良樹	③	南風原
5	島袋　椋多	③	安岡
6	真玉橋長大	③	松島
7	田名　寛尚	③	南風原
8	照屋　喜市	③	石嶺
9	津波古　充	③	松島
10	赤嶺　歩武	③	港川
11	知念　祐作	③	城北
12	金城　恭平	②	西原
13	下茂　優人	③	松島
14	城間　理央	②	与那原
15	○仲島　輝	③	真和志
16	神谷　武岳	③	琉大付
17	柴田　航志	③	首里
18	成田　龍生	③	西原
19	土屋　太誉	③	金城
20	益山　泉貴	③	松島
部長	中村　健		
監督	福原　修		

昭和薬科大学付属

1	仲田　雄飛	③	昭薬付
2	太田　大隆	③	昭薬付
3	國吉　諒次	③	昭薬付
4	下地　俊輔	③	昭薬付
5	古堅　功将	③	昭薬付
6	○潮平知之槙	③	昭薬付
7	新城　光琉	③	昭薬付
8	伊禮　真琉	②	昭薬付
9	上地　完和	③	昭薬付
10	玉城　大基	③	昭薬付
11	田中　信聖	②	昭薬付
12	上間　大嗣	②	昭薬付
13	川満　聡樹	②	昭薬付
14	城間　盛龍	②	昭薬付
15	上原　吏平	②	昭薬付
16	多和田真汰郎	②	昭薬付
17	岸本　開	②	昭薬付
18	眞境名兼敦	②	昭薬付
19	清水喬士郎	①	昭薬付
20	上地　球太	①	昭薬付
部長	新田　伸		
監督	國吉　大志		

上から、背番号、氏名、学年、出身中学。氏名の上の○は主将。

中部農林

1 竿山拳史郎 ③ 宮里
2 新里 晃生 ② 与勝二
3 石川 善都 ③ あげな
4 金城雄之介 ② 高江洲
5 金城 龍誠 ① 高江洲
6 ○大城 朝士 ③ あげな
7 大城 霧斗 ③ 金武
8 玉城 聖也 ③ 金武
9 山城 友輝 ③ 仲泊
10 仲尾 維希 ② 与勝二
11 前田 政志 ② 金武
12 照屋 守護 ① 具志川東
13 具志堅悠真 ① 具志川東
14 親川 太陽 ① 高江洲
15 屋嘉比優斗 ① あげな
16 兼次 太樹 ① 北谷
17 呉屋 玲弥 ① 具志川
18 宮良 薫 ① 与勝
部長 名渡山直子
監督 仲里 真澄

久米島

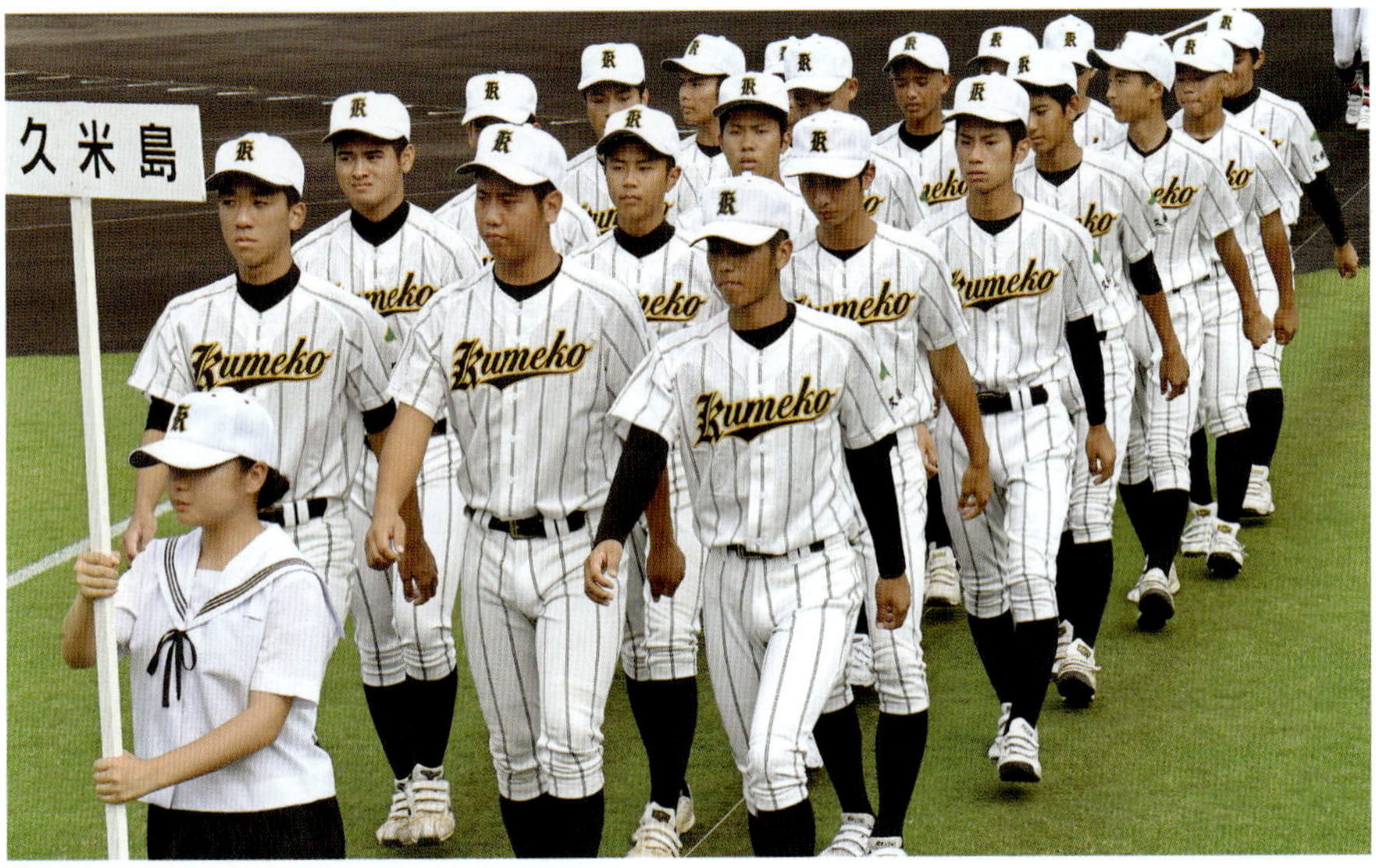

1 ○宇根 聖也 ③ 球美
2 内間 陽太 ③ 久米島西
3 山里 璃音 ③ 久米島西
4 金城 空竜 ② 球美
5 多和田 麿 ② 久米島西
6 盛本 崇貴 ③ 久米島西
7 仲宗根愛輝 ③ 久米島西
8 田里浩一朗 ③ 久米島西
9 宮里 知志 ③ 久米島西
10 熊谷 響輝 ② 球美
11 﨑村 大輝 ③ 球美
12 我謝 琢馬 ③ 久米島西
13 桃原 優太 ② 球美
14 吉永 玲音 ② 球美
15 丸山 和馬 ② 江南
16 飯塚 隼太 ② 扇
17 牧志 好弥 ② 球美
18 當間 拓人 ① 球美
19 上江洲遥也 ① 球美
20 宮 佑乃介 ① 久米島西
部長 伊禮 隼
監督 上原 正昭

宮古総合実業

1 仲宗根純平 ③ 北
2 ○濱川 真輔 ③ 平良
3 伊良部理央 ③ 平良
4 砂川 竜輝 ③ 下地
5 佐久間大晟 ① 伊良部
6 粟国 剛志 ② 久松
7 与那覇 拓 ③ 久松
8 仲宗根俊輔 ② 北
9 濱川 義幸 ② 平良
10 砂川 達哉 ③ 北
11 友利 汐夢 ② 上野
12 根間 聖斗 ② 嘉数
13 大嶺 輝 ② 北
14 砂川南流星 ① 久松
部長 伊舎堂英樹
監督 神里 正太

上から、背番号、氏名、学年、出身中学。氏名の上の○は主将。

嘉手納

背番号	氏名	学年	出身中学
1	仲地 礼亜	③	古堅
2	小橋川 竜矢	③	古堅
3	仲宗根 大夢	③	美里
4	○又吉 李樹	③	読谷
5	大城 堅地郎	③	恩納
6	安里 歩	③	嘉手納
7	中村 一貴	③	美里
8	親泊 泰誠	②	恩納
9	木下 大輝	③	読谷
10	平 典士	②	美里
11	新城 佳吾	③	美里
12	上地 弘樹	③	読谷
13	伊佐 崇汰	③	真志喜
14	糸数 晃哉	③	伊波
15	伊禮 竜希	③	嘉手納
16	奥間 常和	③	嘉手納
17	我謝 拓哉	③	嘉手納
18	古謝 響	③	嘉手納
19	石川 銀	②	嘉手納
20	町田 宗音	②	嘉手納

部長 神里 大一
監督 大蔵 宗元

知　念

背番号	氏名	学年	出身中学
1	呉屋 銀汰	③	佐敷
2	新垣 雄大	③	西原東
3	當山 錦	③	与那原
4	宮城 勇和	③	西原東
5	津波 海斗	③	佐敷
6	山城 裕飛	③	南風原
7	金城 航太	②	西原
8	知念 琳	③	与那原
9	糸数 辰輝	③	玉城
10	○砂川 公祐	③	与那原
11	新垣 大	③	大里
12	照喜名 航平	③	佐敷
13	兼本 諒	③	知念
14	金城 聖馬	③	知念
15	仲西 祐人	③	玉城
16	大城 丈一郎	③	佐敷
17	久志 貫太	③	知念
18	知花 昌達	③	玉城
19	石原 光太郎	②	西原東
20	大城 光平	③	西原東

部長 寄川 順平
監督 大城 盛隆

南部商業

背番号	氏名	学年	出身中学
1	大城 優	②	南星
2	城間 理希	③	大里
3	新垣 翔哉	②	与那原
4	原 一臣	③	糸満
5	名嘉山 良輝	②	南風原
6	○花城 蓮	③	佐敷
7	川上 大喜	③	石田
8	大城 宏斗	②	南風原
9	嘉良 雄斗	①	与那原
10	西田 将大	①	与那原
11	比嘉 竜馬	①	与那原

部長 大城 貴宏
監督 真玉橋 長郎

上から、背番号、氏名、学年、出身中学。氏名の上の○は主将。

沖縄工業高等専門学校

1	上原　達也	③	糸満
2	當間　亮耀	③	金城
3	仲間　功太	③	金武
4	比嘉　諒人	③	西原東
5	銘苅　海星	③	港川
6	奥濱　翔平	③	西原東
7	與那嶺秀也	③	宮里
8	○大城　武斗	③	玉城
9	船附　知将	②	東風平
10	狩俣龍之介	③	西原東
11	高江洲光汰	①	嘉数
12	田中颯汰龍	③	朝日
13	辺土名勇樹	②	南風原
14	田本　海斗	②	石垣
15	上原　光平	①	金城
16	末武　尚磨	①	東風平
17	島袋　克輝	①	名護
18	竹中　勇人	①	小禄

部長　山田　親稔
監督　上原彰太郎

球　陽

1	山内　佳祐	②	読谷
2	松田　悠	②	琉大付
3	仲村　陸斗	③	羽地
4	平　等斗	③	あげな
5	島袋　銀平	③	北谷
6	神谷　一心	③	山内
7	友利　高啓	③	宮里
8	○仲本　幹	③	北谷
9	城間　大幹	③	普天間
10	前原　大成	③	桑江
11	安座間琢郎	②	高江洲
12	島袋　艇透	③	桑江
13	糸数　格生	②	普天間
14	宮良　安宏	②	琉大付
15	祖堅　吾央	②	北谷
16	與座　啓仁	②	北谷
17	砂川　潤都	②	美東
18	山口　夏一	②	美東
19	金城　照	②	北谷
20	福原　彰人	②	与勝緑丘

部長　兼島　功一
監督　新垣　隆

全国高等学校野球選手権（沖縄・全国）大会優勝校一覧

回	年度	沖縄大会優勝	全国大会成績	全国大会優勝
28	1946	首　里		浪華商
29	1947	糸　満		小倉中
30	1948	糸　満		小　倉
31	1949	前　原		湘　南
32	1950	那　覇		松山東
33	1951	石　川		平　安
34	1952	石　川		芦　屋
35	1953	石　川		松山商
36	1954	那　覇		中京商
37	1955	コ　ザ		四日市
38	1956	那　覇		平　安
39	1957	那覇商業		広島商
40	1958	首　里	初戦敗退	柳　井
41	1959	中部農林		西　条
42	1960	沖縄工業		法政二
43	1961	首　里		浪　商
44	1962	沖　縄	初戦敗退	作新学院
45	1963	首　里	1勝（県勢初勝利）	明　星
46	1964	沖　縄		高　知
47	1965	首　里		三池工
48	1966	興　南	初戦敗退	中京商
49	1967	興　南		習志野
50	1968	興　南	4勝（ベスト4）	興　国
51	1969	首　里		松山商
52	1970	小　禄		東海大相模
53	1971	普天間		桐蔭学園
54	1972	名　護	初戦敗退	津久見
55	1973	前　原	初戦敗退	広島商
56	1974	豊見城・石川		銚子商
57	1975	石　川	1勝	習志野
58	1976	豊見城	2勝（ベスト8）	桜美林
59	1977	豊見城	2勝（ベスト8）	東洋大姫路
60	1978	豊見城	2勝（ベスト8）	PL学園
61	1979	中部工業	初戦敗退	箕　島
62	1980	興　南	2勝（ベスト8）	横　浜
63	1981	興　南	初戦敗退	報徳学園
64	1982	興　南	2勝（ベスト8）	池　田
65	1983	興　南	1勝	PL学園
66	1984	沖縄水産	1勝	取手二
67	1985	沖縄水産	2勝	PL学園
68	1986	沖縄水産	2勝（ベスト8）	天　理
69	1987	沖縄水産	1勝	PL学園
70	1988	沖縄水産	4勝（ベスト4）	広島商
71	1989	石　川	初戦敗退	帝　京
72	1990	沖縄水産	5勝（準優勝）	天　理
73	1991	沖縄水産	5勝（準優勝）	大阪桐蔭
74	1992	沖縄尚学	1勝	西日本短大付
75	1993	浦添商業	初戦敗退	育　英
76	1994	那覇商業	1勝	佐賀商
77	1995	沖縄水産	初戦敗退	帝　京
78	1996	前　原	初戦敗退	松山商
79	1997	浦添商業	4勝（ベスト4）	智弁和歌山
80	1998	沖縄水産	初戦敗退	横　浜
81	1999	沖縄尚学	1勝	桐生第一
82	2000	那　覇	1勝	智弁和歌山
83	2001	宜野座	1勝	日大三
84	2002	中部商業	初戦敗退	明徳義塾
85	2003	沖縄尚学	1勝	常総学院
86	2004	中部商業	初戦敗退	駒大苫小牧
87	2005	沖縄尚学	1勝	駒大苫小牧
88	2006	八重山商工	2勝	早稲田実
89	2007	興　南	1勝	佐賀北
90	2008	浦添商業	4勝（ベスト4）	大阪桐蔭
91	2009	興　南	初戦敗退	中京大中京
92	2010	興　南	6勝（全国優勝）	興　南
93	2011	糸　満	初戦敗退	日大三
94	2012	浦添商業	2勝	大阪桐蔭
95	2013	沖縄尚学	1勝	前橋育英
96	2014	沖縄尚学	2勝（ベスト8）	大阪桐蔭
97	2015	興　南	2勝（ベスト8）	東海大相模
98	2016	嘉手納	1勝	作新学院
99	2017	興　南	初戦敗退	花咲徳栄
100	2018	興　南		

＊第 56 回大会は決勝を行わず両チーム南九州大会へ
＊九州大会などを経ず代表校になったのは 57 回大会から

第100回全国高校野球選手権記念沖縄大会
報道写真集　沖縄 高校野球グラフ2018

■取材・写真　沖縄タイムス社
運動部　當山学・又吉健次・新垣亮・我喜屋あかね・當銘悠・儀間美多子（現・整理部）
写真部　崎濱秀也・古謝克公・田嶋正雄・金城健太・下地広也

発行日　2018 年 8 月 3 日
発　行　沖縄タイムス社
〒 900-8678　那覇市久茂地２－２－２
電話　098-860-3591（出版部）
印　刷　株式会社 東洋企画印刷

ISBN　978-4-87127-254-4